来华留学通识教育课程教材·印象中国
总主编／佐　斌

中国古代历史

余　敏　吉艳艳　主编

华中师范大学出版社

新出图证（鄂）字 10 号

图书在版编目（CIP）数据

中国古代历史 / 余敏，吉艳艳主编. — 武汉：华中师范大学出版社，2024.12. —（来华留学通识教育课程教材·印象中国 / 佐斌总主编）.
ISBN 978-7-5769-0766-7

Ⅰ. H195.4；K22

中国国家版本馆 CIP 数据核字第 2024EF4729 号

中国古代历史

ⓒ 余　敏　吉艳艳　主编

责任编辑：李宗奇	责任校对：王　炜	封面设计：胡　灿
编辑室：高等教育分社	电话：027-67867364	
出版发行：华中师范大学出版社	社址：湖北省武汉市洪山区珞喻路 152 号	
电话：027-67861549（发行部）		
网址：http://press.ccnu.edu.cn	电子邮箱：press@mail.ccnu.edu.cn	
印刷：广东虎彩云印刷有限公司	督印：刘　敏	
开本：787mm×1092mm　1/16	字数：170 千字	
版次：2024 年 12 月第 1 版	印次：2024 年 12 月第 1 次印刷	
印张：10	定价：48.00 元	

欢迎上网查询、购书

敬告读者：欢迎举报盗版，请打举报电话 027-67867353

"来华留学通识教育课程教材·印象中国"编委会

主　编：佐　斌

副主编：万　莹　　左双菊　　戚学英　　夏　菁

委　员：朱　力　　伍依兰　　刘建立　　阮　蓓
　　　　李华雍　　肖任飞　　余　敏　　张　弦
　　　　吉艳艳　　陈晓娟　　周毕吉　　袁海霞

秘　书：李思文

总　序

中国是具有五千年悠久历史和灿烂文化的文明古国。改革开放以来，中国焕发出新的青春活力，经济社会发展取得了举世瞩目的伟大成就，吸引着世界各地的青年学子来中国学习。2019年，来华留学生已达到50万人，中国成为亚洲最大的国际学生留学目的国，留学中国成为世界上越来越多求学者的选择与梦想。

2018年9月，教育部印发了《来华留学生高等教育质量规范（试行）》，明确要求"来华留学生应当熟悉中国历史、地理、社会、经济等中国国情和文化基本知识，了解中国政治制度和外交政策，理解中国社会主流价值观和公共道德观念，形成良好的法治观念和道德意识"。在教育教学部分，规定"来华留学生的专业培养方案应当包含汉语能力水平要求和中国概况类课程的必修要求……高等学校应当安排充足、适用的汉语课程和中国概况类课程，满足来华留学生修课需求"。"来华留学通识教育课程教材·印象中国"（以下简称"印象中国"）正是为帮助来华留学生认识和理解中国、丰富我国来华留学生高等教育中国概况类课程教学资源而编写的系列教材。

顾名思义，"印象中国"系列教材的主题和内容是来华留学生应该学习与认知的关于中国的印象。中国文化博大精深，中国社会多姿多彩，中国人民友善可爱。"印象中国"系列教材定位于来华留学生通识教育，为来华留学生提供中国概况类必修与选修课配套使用的教学资源。依据我国对来华留学生教育质量的有关规定要求，通过对现有留学生课程教材资源的分析和对来华留学生学习需求的调查，我们推出本套"印象中国"系列教材。该教材与十门课程相对应，其中必修课为中国概况与中国文化，选修课为中国社会、中国文学、中国地理、中国历史、中国科技、中国艺术、中国书法、中国与世界。

"印象中国"系列教材由华中师范大学来华留学生教育优秀教师团队精

心编写，是国家社会科学基金重大项目（18ZDA331）和华中师范大学拔尖创新人才培养计划的成果之一。作为总主编，我提出从四个方面努力让我国第一套来华留学通识教育课程教材成为精品（BEST）。第一是基础性（Basic），精选留学生应该学习的基本知识和典型内容，让留学生在通识中知华；第二是教育性（Educational），课文体现中国的主流思想和伦理价值，让留学生在知华中友华；第三是科学性（Scientific），课文内容和材料要客观准确，让留学生感知真实的中国；第四是导学性（Tutorial），内容及呈现要便于教师教学使用，更要以留学生为中心，有利于留学生学习。在编写过程中，每本教材的作者都严格按照精品要求和基本统一的体例规范进行编写，确保为留学生提供有价值的学习资源。当然，中国是一幅幅立体的、多维的、绚丽秀美的画面，由于我和同事们的视野和能力所限，教材内容的选取与呈现方面的不当之处在所难免，敬请读者和专家们不吝指正，以便我们及时对"印象中国"系列教材进行修订完善。

"印象中国"系列教材建设得到了教育部国际合作与交流司、国家留学基金管理委员会、中国教育国际交流协会、中国高等教育学会外国留学生教育管理分会等单位领导的关心和鼓励，一些来华留学教育领域的专家学者为我们的编写提供了无私的帮助，华中师范大学党委书记赵凌云，校长郝芳华，副校长彭南生、彭双阶对课程教材给予了指导，本科生院、国际文化交流学院、国际学生教育发展研究中心为教材编写提供了有力支持，我校一些留学生为教材编写提出了很好的建议，编委会全体成员为完成教材付出了大量心血，华中师范大学出版社的责任编辑为本套教材顺利出版认真尽责。在此，我向所有关心支持"印象中国"系列教材的人表示衷心的感谢！

"朝辞白帝彩云间，千里江陵一日还。两岸猿声啼不住，轻舟已过万重山。"这是一千多年前唐代诗人李白描绘的古代中国的印象之一。今天，中国人用歌声唱出了对当代中国的印象："我们的家乡，在希望的田野上。炊烟在新建的住房上飘荡，小河在美丽的村庄旁流淌。一片冬麦，一片高粱；十里荷塘，十里果香。"我期待并相信，广大来华留学生通过"印象中国"系列教材和在中国感受到的真情实感，一定能够形成自己关于古今中国的美好印象。

佐　斌
2021 年 11 月

目 录

第一课　概论 ··· 1
第二课　远古时期 ··· 14
第三课　神话传说时期的中国 ··· 22
第四课　夏朝和商朝 ·· 29
第五课　西周 ·· 37
第六课　东周 ·· 43
第七课　秦朝 ·· 57
第八课　汉朝 ·· 62
第九课　三国两晋南北朝 ·· 72
第十课　隋朝和唐朝 ·· 85
第十一课　五代十国和宋、辽、西夏、金 ································· 101
第十二课　元朝 ··· 112
第十三课　明朝 ··· 122
第十四课　1840年前的清朝 ·· 136
推荐阅读 ··· 151
后记 ·· 152

第一课　概　　论

中国幅员辽阔，物产丰富，陆地总面积约960万平方千米。中国人民就是在这片土地上创造了灿烂的中国历史和中华文明。

中国历史大概可以分为这样几个阶段：从距离今天约170万年的元谋（móu）人开始，到距离今天四五千年的尧（Yáo）舜（Shùn）禹（Yǔ）时代，属于原始社会。从禹建立夏朝（约公元前2070年），到春秋末期（公元前476年）是奴隶社会。从战国初年（公元前475年）到清朝晚期的中英鸦片战争（1840年）为封建社会。从距今约七八百万年的腊玛（là mǎ）古猿（yuán）时期到距今约170万年的元谋人时期，是中国境内人类形成的时期。这一部分历史属于自然史。这一时期，人类在体质上从动物界分离了出来。距今约200万年到约1万年，是中国的旧石器时代。在旧石器时代，中国境内的人类完成了从直立人到早期智人，再到晚期智人，最终进化成现代人的发展过程。在这个时期，中国境内发现的最早的古人类是巫（wū）山人，而比较有代表性的古人类有云南元谋人、北京人、长阳人、丁村人、山顶洞人等。在旧石器时代，中国境内的人类学会了打制石器，学会了使用自然火，并且能把火种保存下来。在这个时期，中国境内人类的生存手段主要是在大自然中采集和猎取现成的食物。大约距今1万年，中国开始进入新石器时代。

在新石器时代，中国境内人类的生存手段变成了种植作物[1]，人工驯化[2]、饲养动物，并且在打制石器的基础上学会了磨光和钻孔技术，能够制作更为先进的磨制石器和其他手工制品，如骨针、玉器等。中国境内这个时期比较有代表性的文化是仰韶（yǎng sháo）文化和龙山文化。这一时期，由于农业的产生，人们从小规模、分散地住在洞穴里，发展为能够建造房屋，大规模、集体地住在村落里。到了仰韶文化中晚期，出现了"环壕聚落（huán háo jù luò）"，这是一种具备防护功能的村落，是一种处于初级阶段的"城市"。龙山文化处于新石器时代的晚期。在这个时期，石器制作的技术已经达到相当高的水平，石制农具得到了普遍应用。铜器、玉器、陶器制作的技术以及建筑技术和纺织技术也有了进一步发展。这一时期，还出现了专门为贵族[3]生活服务的漆（qī）器。此外，这个时期还出现了城墙、护城河等防御设施，以及宫殿、宗庙[4]等礼仪[5]建筑的城邑（yì）。这种城邑的出现反映了当时社会内部已出现分化。

夏朝（约公元前2070年—前1600年）是中国历史上第一个王朝。现在我们能看到的文献中有关夏朝的记载都是后人追述[6]的，还缺少考古发现的印证。夏朝是从夏部落[7]联盟[8]发展而来的，是一个奴隶制国家。在夏朝建立之前的尧、舜时期，部落联盟首领采取禅让[9]制度来选择下一届接班人。禹是夏王朝的建立者，他原来也是通过禅让制获得的部落联盟首领的位置，然而禹却选择自己的儿子启（Qǐ）来继承王位。启继位后就废除了禅让制，建立了世袭[10]制。夏朝在经历了太康失国和少康中兴后，势力一度非常强大。桀（Jié）是夏朝最后一个统治者。由于桀的暴政，夏王朝最终被商灭掉。

商朝（公元前1600年—前1046年）是中国历史上第二个王朝，也是中国有文字可以考证[11]的第一个王朝。在从商的建立者契（Xiè）到汤的统治期间，商是臣服[12]于夏朝的，这段时期称为先商时期。汤统治的时期，商朝非常强盛。在大臣伊尹（Yīyǐn）的帮助下，商灭了夏，建立了商朝。商朝是一个以农业为基础，同时存在商业、手工业的朝代。青铜制造的技术和规模在商朝达到了高峰，创造了青铜文明。商代的纺织技术和制陶技术也有了一定的发展。商朝人十分相信鬼神，崇尚巫术和占卜[13]，遇事都要通过占卜来询问鬼神的意见，并且把占卜的结果用刀刻在龟甲、兽骨上，这样形成的文字就是中国目前发现的最古老的文字——甲骨文，现代汉字就是从甲骨文演变而来的。

商朝有一个属国[14]，叫周。周的国力在周文王时期逐渐强盛起来，而

第一课 概 论

商朝在最后一个王纣（Zhòu）的残暴统治下越来越腐败。公元前1046年，周的军队在牧野（Mùyě）这个地方打败了商朝的军队，商朝灭亡，周朝建立。周又分为西周（公元前1046年—前771年）和东周（公元前770年—前256年）。西周以周天子[15]为最高统治者，将整个社会分成了由天子、诸侯[16]、卿（qīng）大夫和士构成的统治阶级，以及由老百姓、奴隶构成的被统治阶级。周武王死后，他的弟弟周公旦，通过东征剿灭[17]了叛乱，巩固了西周的统治，并完善了周朝的礼乐制度。西周的最后一个王周幽王荒淫无度[18]，最终被入侵的少数民族犬戎（Quǎnróng）杀死，西周灭亡。

西周的大臣和诸侯拥立太子姬宜臼（Jī Yíjiù）为王，这就是周平王。公元前770年，周平王把都城迁到了洛邑（Luòyì），历史上称为东周。由于周王室[19]力量逐渐衰落，周王失去了对诸侯的控制，中国进入了一个动乱时期，这段历史又被分成了春秋和战国两个时期。春秋时期，一百多个诸侯国中的各个大国为了扩大自己的势力范围，发动战争，它们互相兼并[20]，争当霸主[21]。这一时期先后出现了五个霸主：齐桓（huán）公、晋（jìn）文公、楚（chǔ）庄王、吴王阖闾（Hélú）和越王勾践（Gōujiàn）。由于铁器和牛耕的出现，春秋时期的农业生产力有了较大提高。春秋时期的手工业门类增多，制作技艺也有了很大进步，尤其是青铜器的制作。春秋时期商业发展较快，出现了很多大商人；金属货币大量出现，开始代替原来作为货币的海贝。

从公元前475年到公元前221年秦始皇统一六国这一时期，被称为战国时期。在战国时期，各个大的诸侯国长期混战，互相兼并，其中齐、楚、秦、燕、赵、魏、韩这七国最强大，被称为"战国七雄"。战国期间，各个诸侯国纷纷发起变法，很多诸侯国的国力迅速变得强大起来。为了满足各自的利益，战国七雄之间或"合纵"①或"连横"②，分分合合，战争不断。公元前221年，秦灭六国，一统天下。

在春秋战国时期，中国古代的思想、文化得到了很大发展，出现了儒家、道家、法家、墨家、兵家等一批哲学、思想流派以及著名的哲学家、思想家（如孔子、老子等），也产生了很多影响深远的哲学、思想著作。这个

---

① 弱国联合进攻强国，称为"合纵"。
② 随从强国去进攻其他弱国，称为"连横"。

时期的文学艺术、科学技术也出现了前所未有的繁荣。

秦王嬴政（Yíngzhèng）灭六国以后，建立了秦朝，自称始皇帝。虽然秦朝只存在了短短15年，但它采取的一些加强中央集权的举措，对中国两千多年的封建制度产生了深远的影响。秦建立的中央集权制度，成为中国历代封建王朝的基本政治制度。秦还统一了货币、文字、车轨①等，促进了社会经济、文化的发展。秦始皇即位后就开始使用大量人力，大兴土木，修建各种工程。由于徭役(22)频繁、法律严苛、刑罚(23)残酷，老百姓纷纷发起反抗。公元前207年，秦朝灭亡。

秦朝被推翻以后，以刘邦（Liú Bāng）和项羽（Xiàng Yǔ）为首领的两支反秦起义军，为了争夺最后的统治权，发起了楚汉战争。最终，刘邦打败了项羽，建立了西汉。刘邦在建立西汉的过程中分封了七个异姓诸侯王，后来消灭了这七个诸侯王以后，又分封了九个同姓诸侯王。这些诸侯王逐渐对中央集权产生了威胁，最终导致了"七国之乱"。汉景帝平定了"七国之乱"后，削减了诸侯王的权力，中央集权得到了巩固。西汉初期，统治者采取"无为而治"的政治策略，实行轻徭薄赋、慎刑的措施，使得西汉经济逐步恢复并发展起来。汉文帝和汉景帝在位期间，社会非常稳定，国家物资很丰富，人民生活也十分安定，这个时期被称作"文景之治"。汉景帝的儿子汉武帝统治时期，是西汉政治、经济、军事最发达的时期。他实行了一系列措施巩固中央集权，发展经济，并且派张骞（Zhāng Qiān）两次出使西域，开拓了著名的丝绸之路，实现了西汉与西域友好关系的建立。在西汉晚期，王莽（Wáng Mǎng）趁机夺取了皇位，改国号为新，并针对西汉社会上的一系列问题，进行了一场以儒家理念托古改制的改革。改革导致社会出现各种混乱，最终引发了农民起义，推翻了王莽政权。

王莽政权灭亡后，西汉宗室刘秀在洛阳建立了东汉。刘秀废除了王莽时期的制度和政策，精简(24)了国家机构和官员，完善了人才选拔制度，重视教育，推行加强中央集权、发展生产、恢复经济的措施，使东汉的社会生产、社会经济得到了迅速恢复，农业、手工业、交通业、商业都有了较大发展。这个时期被称为"光武中兴"。东汉的科学技术和医学也有很大发展。科学家张衡（Zhāng Héng）发明了浑天仪，用来模拟地球的转动，还发明了地动

---

① 车子两个轮子之间的距离。

仪，用来预测地震的方位。东汉的宦官蔡伦（Cài Lún）改进了造纸方法，发明了质量好、价格便宜的纸，成为中国"四大发明"之一，对人类科学文化的发展和传播起到了重大作用。东汉时期的张仲景（Zhāng Zhòngjǐng）和华佗（Huà Tuó）是中国古代著名的医学家。张仲景所著《伤寒杂病论》是中医的经典著作。华佗善用针灸和汤药，还会使用当时世界最先进的麻醉[25]技术实施外科手术。他还模仿动物的姿态，创造了强身健体的"五禽(qín)戏"。

东汉末年，外戚[26]和宦官[27]交替专政[28]，导致政治腐败、社会动荡。184年，爆发了大规模的农民起义——黄巾起义。在镇压黄巾起义的过程中，各地形成了大大小小的武装力量，并各自割据一方。从那个时候到隋朝统一，是中国的三国两晋南北朝时期，也是秦朝统一之后第一次长期分裂[29]割据[30]的时期。经过多年混战，大小割据势力最后形成了三个势力最强大的军事集团——曹操一方、孙权一方和刘备一方。经过官渡之战，曹操消灭了袁绍的军事集团，统一了北方。刘备在军师诸葛亮（Zhūgě Liàng）的辅佐[31]下，逐渐站稳脚跟，并跟东吴的孙权联手，在赤壁（Chìbì，今湖北赤壁）打败了打算统一南方的曹操军队。至此，魏（Wèi）、蜀（Shǔ）、吴三分天下的局面逐渐形成。220年、221年、229年，曹操的儿子曹丕（Cáo Pī）、刘备、孙权相继称帝。至此，三国鼎立的局面正式形成。

曹魏建立后，政权逐渐被司马家族所掌控。263年，魏国灭蜀国。265年，司马炎（Sīmǎ Yán）废掉了魏帝曹奂（Cáo Huàn），改国号为晋，历史上称为西晋（265年—316年）。280年，晋军灭吴国。从东汉末年开始的延续了近百年的分裂割据状态结束，天下重新归于统一。晋武帝司马炎的统治极其腐化，并且他分封了很多的宗王，从而引发了争夺西晋政权的、持续了16年的"八王之乱"，进而又引发了"五胡乱华"，即以匈奴（Xiōngnú）为首的少数民族政权攻入长安，西晋灭亡。

在西晋末年的战乱中，北方大量贵族、官僚[32]、士族、老百姓等逃往南方，并拥立司马睿为晋王。317年，司马睿（Sīmǎ Ruì）在建康（今江苏南京）称帝，历史上称为东晋（317年—420年）。东晋建立后，采取休养生息和"侨置"的政策，不但安抚[33]了南迁的北方人，还有效地促进了经济发展。为了收复北方的土地，东晋多次北伐，但最后都失败了。北方的政权前秦在统一北方之后，于383年南下攻打东晋，东晋的军队在淝水（Féishuǐ）大败前秦军队。前秦的政权在战后迅速瓦解[34]，北方又陷入分裂割据状态，而东晋对南方的统治进一步稳固。

东晋末年，政治黑暗，引发了大规模的农民起义。420年，东晋将领刘裕（Liú Yù）废掉晋帝，自立为皇帝，把国号改成了宋，中国南方进入南朝时代（420年—589年）。南朝时代相继出现的政权是宋、齐、梁、陈。因为这四个朝代存在的时间都很短，所以历史上将这四个政权统称为"南朝"。

西晋灭亡后，北方先后出现了十六个以少数民族"五胡"[①]为主建立的国家和政权，这一时期被称为"五胡十六国"。在十六国前期，曾经有前秦完成过短期的统一。在淝水之战后，前秦政权瓦解，北方又陷入战争分裂状态，直到北魏统一北方。北魏完成统一后，北方进入北朝时期（386年—581年）。

北魏是由鲜卑族建立的政权。孝文帝在位期间，北魏先后实行了两次改革。第一次改革主要整顿吏制[35]、颁布均田令、实行户调制。第二次改革，孝文帝积极促进鲜卑族学习汉族文化，让鲜卑人改穿汉人的服装、学习汉语、改汉姓，还提倡两族人通婚，大力提倡儒学。孝文帝的改革使得北方经济得到了快速恢复和发展，北方一度呈现繁荣的景象。北魏末期，政权分裂为东魏和西魏。后来，东魏被北齐所替代，西魏被北周所替代。577年，北周灭北齐，北方分裂状态结束。581年，杨坚灭北周，建立隋朝。

三国两晋南北朝时期，政治上分裂割据、战争频繁，但文学艺术、科学技术却有不小的发展。这个时期，玄学盛行，文学上出现建安文学和田园诗派。佛教也为统治者所推崇，著名的云冈（gāng）石窟（kū）[②]、龙门石窟[③]、敦煌（Dūnhuáng）莫（mò）高窟[④]都是这一时期开凿建设的。著名的画家顾恺之（Gù Kǎizhī）、著名的书法家王羲之（Wáng Xīzhī）和他的儿子王献之（Wáng Xiànzhī）都是这个时期的著名艺术家。数学家祖冲之（Zǔ Chōngzhī）比欧洲早一千多年推算出更加精确的圆周率。农学家贾思勰（Jiǎ Sīxié）撰写了中国古代第一部农业科学著作《齐民要术》。

---

① "五胡"指的是匈奴、羯（Jié）、氐（Dī）、羌（Qiāng）和鲜卑（Xiānbēi）这五个少数民族。
② 云冈石窟位于山西大同。
③ 龙门石窟位于河南洛阳。
④ 莫高窟位于甘肃敦煌。

581年，杨坚废掉北周皇帝后建立了隋朝，并于589年南下灭掉了陈朝，完成了统一。隋文帝杨坚和他的儿子隋炀（yáng）帝在即位后都大力实行改革。隋朝设立了三省六部制，加强了中央集权统治；开创科举考试制度，通过考试选拔人才，任命官员；修订法律，减轻刑罚。各行业都得到了快速恢复和发展，隋朝呈现出一派繁荣昌盛的景象。但由于隋炀帝生活非常奢侈，喜欢炫耀武力，加上徭役、兵役繁重，老百姓纷纷起义。618年，隋朝的将领宇文化及发动兵变，杀死了隋炀帝，隋朝存在了短短37年就灭亡了。

　　在隋朝末年农民发动起义时，隋朝的贵族李渊（Lǐ Yuān）也乘机起兵反隋。618年，隋炀帝被杀后，李渊自立为帝，国号唐。李渊的儿子李世民即位后就是唐太宗。唐朝初期基本延续隋朝的行政制度、兵制、科举制等，同时在某些方面也作了进一步改进。唐太宗重视听取大臣们的意见，注意总结历史经验，确定了"以民为本"的基本政策。在他的治理下，唐朝出现了前所未有的繁荣景象，史称"贞观之治"。武则天是唐太宗的儿子唐高宗的皇后，她在690年废掉唐睿（ruì）宗后，把国号改成了周，成为中国历史上唯一一位女皇帝。武则天继续推行唐太宗时期的各项政策，此外，她还削弱[36]士族[37]，改进科举制度，重视人才的选拔，将政权向庶族[38]开放。在她的统治期间，"贞观之治"的繁荣得到了延续。

　　705年，武则天在宫廷政变[39]中被迫退位，恢复唐的国号。李隆基（Lǐ Lóngjī）即位后，整顿吏治，发展农业，废除严酷的刑罚，继续推行轻徭薄赋[40]等政策。唐朝进入全盛时期，史称"开元盛世"。唐都长安不仅是唐朝的政治、经济、文化、商业中心，也成为东西方文明交汇的中心。

　　在唐玄宗统治后期，原来为了防御少数民族入侵而设立的节度使势力越来越大，于755年和759年先后爆发了安禄山（Ān Lùshān）叛乱和史思明叛乱。763年，长达八年的"安史之乱"最终被平定，但唐朝的社会、经济秩序也遭到了极大的破坏，唐朝从此由盛转衰。

　　唐朝在中国文学史上有着十分重要的地位，古典诗歌在唐朝得到极大的繁荣，出现了各种诗歌流派和一大批著名的诗人，其中李白和杜甫（Dù Fǔ）是成就较高的两位诗人。唐朝的绘画和书法也有很大的发展，出现了吴道子、阎立本（Yán Lìběn）、欧阳询（Ōuyáng Xún）、柳公权（Liǔ Gōngquán）等著名画家和书法家。唐朝的统治者十分推崇佛教，佛教和佛教艺术在唐朝也进入兴盛阶段。

907年唐朝灭亡后，各个藩镇⁽⁴¹⁾势力纷纷独立，建立自己的政权。中原地区先后出现后梁、后唐、后晋、后汉、后周五个政权，史称"五代"（907年—960年）。南方有吴、前蜀、吴越、楚、闽、南汉、荆南（南平）、后蜀、南唐、北汉等十个封建割据政权并存，史称"十国"。五代十国时期，北方外族入侵频繁，天灾不断；南方各个政权的统治者都比较重视生产，因此南方经济得到了快速恢复和发展。南方工商业发达、贸易兴盛，形成了以若干个大城市为中心的经济区域。南方十国在人口、经济、文化、科技等方面都超过了北方。

960年，后周的节度使赵匡胤（Zhào Kuāngyìn）发动了陈桥兵变，夺取政权后建立了宋朝，定都汴京（Biànjīng，今河南开封），历史上称为北宋（960年—1127年）。1127年，北宋被金国所灭，赵构在南京应天府（今河南商丘）称帝，历史上称为南宋（1127年—1279年）。

从整体上看，宋朝的经济非常繁荣：长江流域和珠江流域的农业发展迅速。手工业发达，航海业和造船业也有发展。海外贸易十分发达，和海外50多个国家通商。宋瓷作为生活日用品和工艺品，大量出口海外。宋朝的科学技术、文学艺术也十分发达。在宋朝，指南针应用于航海，火药被制成武器，应用于战争。毕昇（Bì Shēng）发明的活字印刷术，后来得到普遍推广。宋朝的诗词和散文都取得了伟大的成就，特别是词，在宋朝发展到高峰。

1206年，蒙古部领袖铁木真统一草原各部落，建立了蒙古汗国。之后，蒙古陆续消灭了西辽、西夏、金国。铁木真的孙子忽必烈（Hūbìliè）于1271年称帝，建立元朝，定都大都（今北京）。1279年，元灭南宋，统一了中国。元朝是中国历史上疆域⁽⁴²⁾最大的朝代。元朝建立了行省制度，中央集权进一步巩固。元朝为了巩固蒙古贵族的特权，把国人分成了四等：一等蒙古人，二等色目人，三等汉人，四等南人。同时，元朝还制定了其他一系列不平等的政策。元朝推行了一些有利于生产的积极措施，使得在战争中被破坏的生产力逐渐得到恢复。元朝商业发达。大都不仅是政治、经济、文化中心，也成为当时世界著名的商业中心，经马可·波罗（Marco Polo）介绍，成为西方世界向往的梦幻之城。元曲，即元朝的戏曲，分为散曲和杂剧，成为元代的主流文学体裁。元曲的代表人物有关汉卿（Guān Hànqīng）、马致远、白朴（Bái Pǔ）等，代表作品有《窦娥冤（Dòu É yuān）》《西厢（xiāng）记》等。由于蒙古贵族自身的保守性，其统治政策带有民族歧视色彩，导致民族矛盾和阶级矛盾日益加深，最终于1368年被农民起义推翻。

在元末农民起义中逐渐崛起的朱元璋（Zhū Yuánzhāng）于1368年建立明朝（1368年—1644年）。明朝基本沿用之前的政治制度，并且在此基础上进行了一些改革和创新。这些新举措的实施一方面加强了中央集权的统治，另一方面却为明朝中后期的宦官专权埋下了伏笔。明朝的农业、手工业、商业有了很好的发展，特别是商业，在明朝的经济中占有非常重要的地位。此外，明朝中后期还出现了资本主义萌芽。为了加强明朝同海外各国的交流，明成祖朱棣（Zhū Dì）派郑和七次下西洋，最远到达了非洲东海岸和红海沿岸。郑和七下西洋是世界航海史上的创举。明朝时期，东南沿海经常受到倭寇（Wōkòu）①的侵扰，明朝派戚继光到浙东抗击倭寇。到1565年，东南沿海的倭寇基本被肃清。明朝时期，中国台湾一度被荷兰殖民者占领。1662年，郑成功成功收复台湾。小说在明朝发展到了高峰，中国四大古典名著中的《西游记》《水浒（hǔ）传》《三国演义》就是明朝时期创作的。明朝时期的戏曲、书法、绘画艺术、自然科学也得到了很大的发展。明朝末年，政治腐败，社会矛盾尖锐，自然灾害频繁。明朝最终于1644年在农民起义的大潮中灭亡。

中国东北地区的努尔哈赤（Nǔěr Hāchì）统一了女真族以后，于1616年建立金，历史上称为后金。1636年，他的儿子皇太极即位，改国号为清（1636年—1911年）。1644年清朝大军入关后，经过20年征战，完成了对全国的统一。清朝是中国历史上最后一个封建王朝。经过对中央国家机关的重新建构，清朝的专制皇权进一步加强。康熙（Kāngxī）皇帝、雍正（Yōngzhèng）皇帝和乾隆（Qiánlóng）皇帝统治时期，是清朝相对和平、社会稳定、经济大发展、国力较为强盛的时期，史称"康雍乾盛世"。乾隆皇帝统治时期，清朝解决了西藏地区的宗教纷争问题，还组织大量学者编写

---

① 14—16世纪屡次骚扰抢劫朝鲜和中国沿海的日本海盗。

《四库全书》。另一方面，这个时期大兴"文字狱"，对知识分子的思想进行严密的控制，销毁了大量珍贵的书籍，对当时的文化造成了巨大打击。

清朝晚期（1840年—1911年）是中国近代史的开端。当时的清朝闭关锁国，而西方在经历了工业革命后快速发展。为了攫取利益，英国人把鸦片[43]贩卖到中国，使得很多中国人染上了毒瘾。1839年6月，林则徐在广州虎门海滩将收缴的鸦片当众销毁。1840年，英国借此发动了第一次鸦片战争。战争以清朝的失败而告终，清政府被迫签订了丧权辱国的《南京条约》。1856年，为了进一步打开中国市场，获取更多利益，英法两国发动了第二次鸦片战争。同样，清政府用签订不平等条约——《天津条约》和《北京条约》的方式结束了战争。1851年，洪秀全领导太平军起义，发动了历时14年的反抗清朝的农民运动——太平天国运动，并建立了太平天国政权。太平天国政权虽然最后被清政府镇压下去了，但它加速了清朝的衰亡。19世纪60年代，清政府中的洋务派发起洋务运动，希望通过向西方国家学习，从而增强清朝的军事、工业等方面的实力，却受到了以慈禧（Cíxǐ）太后①为首的保守派的阻挠。洋务运动最终以清政府在甲午中日战争中的失败而宣告失败。甲午中日战争后，以康有为、梁启超为代表的维新[44]人士，通过光绪（Guāngxù）皇帝发起了一次政治革新运动——戊戌（wù xū）变法，最后由于慈禧太后发动政变而失败。戊戌变法一共经历了103天，因此也被称作"百日维新"。清朝末年爆发的义和团运动，是一场以"扶清灭洋"为口号的农民运动。义和团一度被慈禧太后利用，用来帮助她对付西方列强，从而引起了西方列强的不满。1900年，俄、英、美、日、德、法、意、奥等国家向北京进犯。慈禧太后一面西逃，一面下令剿杀义和团。义和团运动在中外反动势力的联合剿杀下失败。1911年10月10日，以孙中山为领袖的资产阶级革命政党发动了武昌起义，最终推翻了清朝，结束了中国两千多年的封建统治。1911年为农历辛亥年，历史上把这次革命叫作辛亥（xīn hài）革命。

---

① 慈禧是清朝咸丰皇帝的妃嫔。1861年咸丰帝死，子载淳即位，被尊为太后，徽号"慈禧"。她是晚清重要的政治人物，是晚清的实际统治者。

生词表

(1) 作物（zuò wù）：农作物的简称。

(2) 驯化（xùn huà）：野生动物、植物经人工长期饲养或培育而逐渐改变原来的习性，成为家畜、家禽或栽培植物。

(3) 贵族（guì zú）：奴隶社会、封建社会以及现代君主国家里统治阶级的上层，享有特权。

(4) 宗庙（zōng miào）：帝王或诸侯祭祀祖宗的处所。

(5) 礼仪（lǐ yí）：礼节和仪式。

(6) 追述（zhuī shù）：述说过去的事情。

(7) 部落（bù luò）：由若干血缘相近的氏族结合而成的集体。

(8) 联盟（lián méng）：指个人、集体或阶级的联合体。

(9) 禅让（shàn ràng）：帝王把帝位让给别人。

(10) 世袭（shì xí）：指帝位、爵位等世代相传。

(11) 考证（kǎo zhèng）：研究文献或历史问题时，根据资料来考核、证实和说明。

(12) 臣服（chén fú）：屈服称臣，接受统治。

(13) 占卜（zhān bǔ）：古代用龟、蓍等，后世用铜钱、牙牌等推断祸福，包括打卦、起课等（迷信）。

(14) 属国（shǔ guó）：封建时代作为宗主国的藩属的国家。

(15) 天子（tiān zǐ）：指国王或皇帝（奴隶社会和封建社会的统治阶级把他们的政权说成是受天命建立的，因此称国王或皇帝为天的儿子）。

(16) 诸侯（zhū hóu）：古代帝王统辖下的列国君主的统称。

(17) 剿灭（jiǎo miè）：用武力消灭。

(18) 荒淫无度（huāng yín wú dù）：没有节制地贪恋酒色。

(19) 王室（wáng shì）：指王族。

(20) 兼并（jiān bìng）：把别的国家的领土并入自己的国家或把别人的产业并为己有。

(21) 霸主（bà zhǔ）：春秋时代势力最大并取得首领地位的诸侯。

(22) 徭役（yáo yì）：古时统治者强制百姓承担的无偿劳动。

(23) 刑罚（xíng fá）：审判机关依据刑事法律对罪犯所施行的法律制裁。

(24) 精简（jīng jiǎn）：去掉不必要的，留下必要的。

(25) 麻醉（má zuì）：用药物或针刺等方法使全身或局部暂时失去知觉，多在外科手术时采用。

(26) 外戚（wài qī）：指帝王的母亲和妻子方面的亲戚。

(27) 宦官（huàn guān）：君主时代宫廷内侍奉帝王及其家属的人员，由阉割后的男子充任。也叫太监。

(28) 专政（zhuān zhèng）：占统治地位的阶级对敌对阶级实行的强力统治。

(29) 分裂（fēn liè）：使整体的事物分开。

(30) 割据（gē jù）：一国之内，拥有武力的人占据部分地区，形成分裂对抗的局面。

(31) 辅佐（fǔ zuǒ）：协助（多指政治上）。

(32) 官僚（guān liáo）：官吏。

(33) 安抚（ān fǔ）：安顿抚慰；安慰。

(34) 瓦解（wǎ jiě）：像瓦器碎裂一样崩溃或分裂；使对方的力量崩溃或分裂。

(35) 吏制（lì zhì）：古代有关政府官员的制度。

(36) 削弱（xuē ruò）：（力量、势力）变弱；使变弱。

(37) 士族（shì zú）：东汉魏晋南北朝时期地主阶级内部逐渐形成的世代读书做官的大族，在政治经济各方面享有特权。

(38) 庶族（shù zú）：指关系疏远的宗族。

(39) 政变（zhèng biàn）：统治集团内部一部分人采取军事或政治手段造成国家政权突然变更。

(40) 轻徭薄赋（qīng yáo bó fù）：减轻徭役和赋税。

(41) 藩镇（fān zhèn）：唐朝中期在边境和重要地区设节度使，掌管当地的军政，后来权力逐渐扩大，兼管民政、财政，形成军人割据，常与朝廷对抗，历史上叫作藩镇。

(42) 疆域（jiāng yù）：国家领土（着重面积大小）。

（43）鸦片（yā piàn）：通常指用罂粟果实中的乳状汁液制成的一种毒品。

（44）维新（wéi xīn）：反对旧的，提倡新的。一般指政治上的改良，或改良主义运动。

思考题

1. 你对中国哪一段历史最感兴趣？为什么？
2. 你认为清朝的灭亡以及封建制度的结束是必然的吗？为什么？
3. 中国古代的历史跟你的国家古代的历史有什么相似之处和不同之处？

第二课　远古时期

中国是人类早期的发源地之一。考古学者根据人类使用的工具的器质把人类早期的历史分为石器时代、青铜时代和铁器时代。1865年，英国学者卢伯克又把石器时代划分为旧石器时代和新石器时代。旧石器时代，人类开始出现，人类的生产工具是打制的石器。新石器时代，人类掌握了磨[1]制和钻孔的技术，制作的石器更为规整[2]和精致。人类学家根据人类体质发展阶段的标准，把进化阶段的人类分成了能人、直立人、智人。智人又分为早期智人和晚期智人，前者称为古人，后者称为新人。最后由新人发展成为现代人。

一、旧石器时代

中国的旧石器时代开始于距今200万年的巫山人，结束于距今1.8万年的山顶洞人。这一时期，中国的远古人类完成了从直立人到早期智人，再到晚期智人，最后成为现代人的发展过程。

1. 直立人

目前，中国境内还没有发现能人的化石[3]，但很多地方都发现了直立人的活动痕迹[4]。直立人也称为猿人，他们活动于中国旧石器时代早期，比较有代表性的有巫山人、元谋人、蓝田人和北京人。

1984年,在重庆巫山的一个洞穴中,发现了两块人骨化石和大量用石头制作的工具和物品。其中,大多数石制品都有人工打击⁽⁵⁾的痕迹,这是早期人类制造石器的特点。根据测算,巫山人生存的年代距今204万年到201万年间。

1965年,在云南元谋发现了元谋人及其文化遗址⁽⁶⁾。古人类学家根据在这里发现的元谋人的牙齿推断,元谋人与北京直立人比较接近,但又比北京直立人早一些,他们生存的年代大约距今170万年。

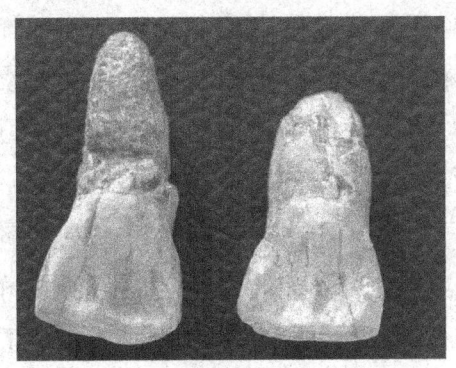

元谋人牙齿化石

1963年到1966年,在陕西蓝田西北相继发现了两处蓝田人遗址,根据测定和推算,两处蓝田人分别生活在距今65万年到53万年间,以及98万年到67万年间。因为生存年代相距不太远,而且他们的主要体质特征也很相似,所以他们属于同一类型,被称为蓝田直立人。

北京人化石是中国新石器时代考古中的一个重大发现。北京人化石首次被发现是在北京房山周口店龙骨山的一个洞穴中。在1921年到1966年间,这里陆续有大量人骨化石、石制品和动物化石被发现。其中,最重大的发现是一个相对完整的北京人头盖骨。根据测定,北京人生活在距今71万年到23万年间。

在体质特征上,北京人已经有很多方面接近现代人了,比如上肢比下肢短。他们的四肢进化比较快,已经基本具有现代人的形态。北京人的脑容量也明显比蓝田人高。

在发现的石制品中,有用于刮削的、砍砸的、雕刻⁽⁷⁾的,还有石球和尖状器。此外,在北京人洞穴中,还发现大量用火的遗迹,比如成堆的灰烬⁽⁸⁾，用火烧过的骨头、石头和土块等。这说明北京人已经能够很好地控制火，这对人类的发展进步具有重大意义。

2. 早期智人

距今30万年前后，人类的体质特征也进入了早期智人阶段。中国境内发现的金牛山人①、大荔（lì）人②和许家窑（yáo）人③，被认为是从直立人向早期智人进化的一种过渡⁽⁹⁾形态，年代比较晚，比较典型的智人主要有马坝（bà）人、长阳人和丁村人。

马坝人是1958年在广东曲江马坝的一个洞穴中发现的，是一个中年男子的头骨化石。马坝人的头骨已经比北京人的头骨有了很大进步，其形态已经是早期智人。马坝人生存的年代距离现在大约有10万年。

20世纪50年代，在湖北长阳一个洞穴和一处岩屋⁽¹⁰⁾里发现了一些人类化石，这就是长阳人。长阳人生存的年代比马坝人要稍微晚一点儿。

丁村人于1954年发现于山西襄汾（Xiāngfén）丁村。从发现的人类化石看，其体质特征明显比北京人进步，更接近现代人。在丁村发现的石器有2000多件，种类非常丰富，打制的技术也有所进步。

3. 晚期智人

人类大约在距今5万年发展到晚期智人阶段。在体质形态上，晚期智人已经基本接近现代人，人类历史也进入了旧石器时代晚期。中国境内很多地方都发现了这一时期的古人类遗址，其中北京山顶洞人、广西柳江人和四川资阳人最有代表性。这些晚期智人有一个共同特点，就是大脑的容量已经有了明显增加，跟现代人大脑容量几乎相等，智力水平也和现代人非常接近。

中国境内发现的大量直立人、早期智人、晚期智人的考古资料，形成了一条相对完整的、连续的人类进化链。在旧石器时代晚期的中国，人类以采集和渔猎⁽¹¹⁾为主要生活手段，学会了打制石器、制造工具，学会了使用火和控制火，人类的体质形态以及智力也在劳动中不断进化。

---

① 20世纪70—80年代多次发现于辽宁营口西金牛山的洞穴中。
② 1978年发现于陕西大荔。
③ 20世纪70年代发现于山西阳高许家窑。

二、新石器时代

　　大约在距今1万年，人类由旧石器时代向新石器时代过渡。人类的生活方式从旧石器时代以依赖采集、渔猎为主，慢慢转变为以种植作物、饲养家畜⁽¹²⁾为主。随着农业的发明和新石器时代的到来，华夏⁽¹³⁾文明开始产生。中国的新石器时代大致分为三个时期：公元前1万年—前7000年，为新石器时代早期；公元前7000年—前5000年，为新石器时代中期；公元前5000年—前2000年，是新石器时代晚期。

　　在新石器时代，农业开始出现，人类开始种植、栽培⁽¹⁴⁾植物，人工驯化、饲养动物。中国境内的地理环境不同，物产资源也有很大差异，因此，中国境内形成了三个不同特色的农业①经济文化区。华中②、华南③一带是以种植水稻为主的农业经济文化区，华北④、东北⑤南部、西北⑥东部是以旱地种植粟（sù）为主的农业经济文化区，青藏高原、内蒙古高原、东北北部一带是以畜牧⁽¹⁵⁾和狩猎⁽¹⁶⁾为主的农业经济文化区。到了新石器时代中晚期，中国境内形成了很多重要的文化区，比较有代表性的有仰韶文化、大汶（wèn）口文化、红山文化等。由于仰韶文化发现得早，也较为著名，因此这个时期被称为"仰韶时代"。

1. 仰韶时代

　　出现在黄河中游一带的仰韶文化是中国境内发现得早，也较为著名的古文化区。它早期的社会产业结构以农业生产为主，此外，还饲养家畜家禽⁽¹⁷⁾、渔猎和采集。在这一时期，黄河流域以北的地区主要种植粟，江淮以南地区则主要种植水稻；饲养的家畜主要是猪、狗和黄牛，家禽主要是鸡。

---

① 栽培农作物和饲养牲畜的生产事业。
② 指中国长江中下游湖北、湖南一带。
③ 指中国南部地区，包括广东、广西、海南和香港、澳门。
④ 指中国北部地区，包括河北、山西、北京、天津和内蒙古中部。
⑤ 指中国东北地区，包括辽宁、吉林、黑龙江三省以及内蒙古东部。
⑥ 指中国西北地区，包括陕西、甘肃、青海、宁夏、新疆等省区和内蒙古西部。

新石器时代和旧石器时代在制作石器上的主要区别在于，新石器时代采用更为先进的磨制石器，并且磨光的技术还广泛应用到其他手工制品的制作过程中，比如骨、角、蚌（bàng）、牙等。这一时期，磨制的器具表面十分光滑，形制[18]也相当规范，用途非常明确；玉石的制作和加工已经从传统的石器制作中分化出来，成为一个独立的手工业门类。

陶器制作技术的进步也是仰韶时代的一个重要特征。陶器制作在仰韶时代成为一个重要的手工业门类，这个时期的陶器更坚硬，形制更规整。此外，这个时期还发明了灰陶和黑陶。

金属冶铸[19]业的出现，也是仰韶时代生产技术发展的一个重要标志。考古学家在很多遗址中都发现了用铜制造器具的痕迹。

在旧石器时代，人们小规模分散居住在洞穴里。到了新石器时代，农业产生，人口由小规模聚集[20]发展到大规模聚居，同时人们学会了建造房屋，由此产生了农业村落。有着共同血缘的人居住在同一个村落里，很多这样的村落再组成社会，这样的社会称作氏族[21]社会。随着农业、手工业的发展，家庭或者家族在生产生活中的地位和作用越来越重要，由此产生了以父系为基础的、更为稳定的家庭形式。这一时期，陆续出现了很多分间式的房屋，有的最多可以达到五六个房间，比较常见的是双套间房屋。这个时期，父系制度和一夫一妻制家庭出现的同时，社会成员之间已经存在明显的贫富差距。

新石器时代早期的自然村落，是没有任何防护设施的。到了新石器时代中期，辽河流域和长江流域出现了一种村落，叫作"环壕聚落"。它的周围修建起了防护设施，面积可以达到两三万平方米。到了距今7000年前后，中国大部分地区都出现了环壕聚落。中国早期的城市就起源[22]于这种村落。仰韶晚期的古城占地2.5万平方米，周围筑有城墙，城墙外挖有壕沟[23]，还开有两个城门。这种处于过渡阶段的"城市"反映了当时社会生产力的进步。

2. 龙山时代

距今5000年到4000年，中国进入了新石器时代晚期。龙山文化发现于山东济南历城龙山。这一时期，中国各地都受到龙山文化的影响，因此这一时期被称为"龙山时代"。

在龙山时代,铜器的制作技术得到进一步提高,产量也有了快速增加,成为这一时期社会生产力进步的重要标志。这个时期的铜制品应用范围不太广泛,大部分是小件工具、梳妆[24]用具、装饰品和乐器,材质主要为红铜。

石器制造技术的发展在龙山时代达到了顶峰,石器的种类和形态更加丰富。许多石制的农具得以发明并普遍生产。在良渚(liáng zhǔ)文化遗址中发现的石犁[25]是中国境内发现的最早的犁,它的发明标志着良渚居民率先进入了犁耕阶段。

龙山时代的玉器制作行业非常繁荣,玉器加工技术如切割[26]、穿孔、雕刻等,都有了明显进步。

龙山时代陶器制作的技术也有所提高。龙山时代的陶器以黑陶为主,其中,蛋壳黑陶高柄杯成为这个时期制陶技术的最高成就。

漆器是龙山时代一项重要的技术成就。龙山文化和良渚文化中的漆器都发现于大型的贵族墓葬[27]中,表明当时的漆器是专门服务于贵族生活的。

此外,龙山时代的建筑技术和纺织技术也有了一定的发展。夯筑[28]技术得到了普遍推广和应用。这一时期,人们已经开始养蚕,并将蚕丝制成丝织品,麻织品也制作得更加紧密精致。龙山时代的家畜养殖[29]范围也扩大了,马、驴、羊、鸭都成为养殖的对象。

在龙山时代,中国的黄河流域和长江流域已经普遍出现了城邑,目前已经发现的龙山时代的城邑有50多座。其中一些都城有城墙作为防护设施,还有宫殿和宗庙等礼仪建筑。龙山时代的城邑和仰韶时代相比,有几个显著的特征:第一是城邑的形状由圆形变为方形;第二是出现了拥有宫殿、宗庙等礼仪建筑的都城;第三是在城邑的周围同时分布着一些中小型的聚落。这些聚落范围不大,彼此之间相对独立,和城邑一起形成了众邦林立[30]的政治格局[31]。

▶ 生词表

(1) 磨(mó):用磨料磨物体使光滑、锋利或达到其他目的。

(2) 规整(guī zhěng):合乎一定的规格;规矩整齐。

(3) 化石(huà shí):古代生物的遗体、遗物或遗迹埋藏在地下变成的跟石头一样的东西。

（4）痕迹（hén jì）：残存的迹象。

（5）打击（dǎ jī）：敲打；撞击。

（6）遗址（yí zhǐ）：毁坏的年代较久的建筑物所在的地方。

（7）雕刻（diāo kè）：在金属、玉石、骨头或其他材料上刻出形象。

（8）灰烬（huī jìn）：物品燃烧后的灰和烧剩下的东西。

（9）过渡（guò dù）：事物由一个阶段或一种状态逐渐发展变化而转入另一个阶段或另一种状态。

（10）岩屋（yán wū）：利用天然洞穴或石壁修砌的石屋。

（11）渔猎（yú liè）：捕鱼打猎。

（12）家畜（jiā chù）：人类为了经济或其他目的而驯养的兽类，如猪、牛、羊、马、骆驼等。

（13）华夏（Huá xià）：中国的古称，泛指中华民族。

（14）栽培（zāi péi）：种植，培养。

（15）畜牧（xù mù）：大批牲畜和家禽（多专指牲畜）的饲养。

（16）狩猎（shòu liè）：打猎。

（17）家禽（jiā qín）：人类为了经济或者其他目的而驯养的鸟类，如鸡、鸭、鹅等。

（18）形制（xíng zhì）：器物或建筑物的形状和构造。

（19）冶铸（yě zhù）：熔炼（金属）。

（20）聚集（jù jí）：集合；凑在一起。

（21）氏族（shì zú）：原始社会由血统关系联系起来的人的集体，氏族内部实行禁婚，集体占有生产资料，集体生产，集体消费。

（22）起源（qǐ yuán）：事物发生的根源。

（23）壕沟（háo gōu）：为作战时起掩护作用而挖掘的沟。

（24）梳妆（shū zhuāng）：梳洗打扮。

（25）犁（lí）：翻土用的农具，有许多种，用畜力或机器牵引。

（26）切割（qiē gē）：用刀等把物品截断。

（27）墓葬（mù zàng）：考古学上指坟墓。

（28）夯筑（hāng zhù）：用夯实建造。

(29) 养殖（yǎng zhí）：培育和繁殖。

(30) 林立（lín lì）：像树林一样密集地竖立着，形容很多。

(31) 格局（gé jú）：结构和格式。

思考题

1. 新石器时代和旧石器时代相比，有哪些进步？
2. 中国的新石器时代和旧石器时代与你们国家相对应的时期有哪些相同点，哪些不同点？
3. 中国的新石器时代晚期已经出现了贫富分化和阶级，这对人类社会发展有什么积极意义？

第三课　神话传说时期的中国

在中国古代的神话传说中，有关于人类祖先起源的，比如盘古开天辟地和女娲（Nǚwā）造人，也有反映父系氏族建立后原始部落联盟的，比如三皇五帝的传说。前者带有丰富的想象力和夸张的色彩，且基本没有考古资料可以证实；后者虽然目前也找不到太多考古资料证实，但是后世不少史书中有一些相关记载。

一、盘古开天辟地[1]

盘古，也称盘古氏、混沌[2]氏，是中国古代神话传说中开天辟地、创造人类世界的始祖。盘古开天辟地的记载最早见于三田时吴人徐整写的《三五历纪》：

"天地混沌如鸡子。盘古生其中，万八千岁。天地开辟，阳清为天，阴浊[3]为地。盘古在其中，一日九变，神于天，圣于地。天日高一丈[4]，地日厚一丈，盘古日长一丈，如此万八千岁。天数极高，地数极深，盘古极长。后乃有三皇。"

徐整还写了一本《五运历年纪》，里面记载了盘古死后化生万物："首生盘古。垂死化身[5]。气成风云，声为雷霆（tíng）。左眼为日，右眼为月。四肢五体为四极五岳。血液为江河，筋脉为地里，肌肉为田土。发髭为星辰，皮毛为草木，齿骨为金石。精髓（suǐ）为珠玉，汗流为雨泽。身之诸

(zhū) 虫，因风所感，化为黎氓（lí méng）。"

这两本书中关于盘古的传说是两个不同的版本，现代普遍流传的盘古开天辟地的故事则是将这两个版本的内容综合后形成的：

传说在很久很久以前，天和地还没有形成，到处都是一片混沌，没有上下左右，也不分南北东西，就像一个大鸡蛋一样。在这个浑圆的一片混沌中，孕育[6]着人类的祖先——盘古。

过了一万八千年，盘古在这一片混沌中孕育成熟了，他睁开双眼，发现周围漆黑一片，什么都看不见。他拿起一把斧子用力向四周劈去。一声巨响，那个浑圆的东西被劈开了，里边混沌的东西分成了两部分：一部分又清又轻，慢慢升到高处，变成了高高的蓝天；另一部分又浊又重，渐渐往低处下沉，变成了广阔的大地。从此，世界才有了天和地。

盘古出世后，头顶着蓝天，脚踩着大地，挺立于天地之间。后来，蓝天每天都增高一丈，大地每天增厚一丈，盘古也每天长高一丈。就这样又过了一万八千年，天变得非常非常高，大地变得非常非常厚，盘古也变成了一个非常高大的巨人，像一根柱子一样顶着天和地。

不知道过了多少年，盘古终于累了，倒下死了。在倒下的瞬间[7]，他吐出来的气体化成了风和云，他发出的声音变成了雷鸣[8]。他的左眼飞上天空变成了太阳，右眼飞上天空变成了月亮。他的头变成了东岳泰山，他的脚化作了西岳华山，他的左胳膊变成了南岳衡山（Héngshān），他的右胳膊化作了北岳恒山（Héngshān），他的腹部化作了中岳嵩山（Sōngshān）。他的血液变成了滚滚流动的江河，身体的筋脉[9]变成了道路，肌肉化作了农田。他身体的毛发变成了天上的星星，皮肤化作了树木和花草，牙齿和骨头变成了金属、石头和珍珠玉石。他流出的汗水化成了天上降下来的雨露。

二、女娲造人

中国古代关于人类起源的另一个神话传说是女娲造人。"娲"和"女娲"在中国古代典籍[10]中出现得比较早。但是最早提出女娲造人的故事的是《风俗通义》，这是一本由东汉泰山太守应劭（Yìng Shào）编辑的民俗著作。《五运历年纪》中也记载了有关女娲的内容："元气蒙鸿，萌芽兹始，遂分天地,肇立乾坤,启阴感阳,分布元气,乃孕中和,是为人也。"

盘古开天辟地时,清灵之气上升为天,浊实之气下降为地,而清浊二气杂生三位大神,即伏羲(Fúxī)、女娲、神农。也就是说盘古开天辟地以后,上升的清气和下降的浊气中混生了三位神:伏羲、女娲和神农。

《山海经·大荒西经》里也有关于女娲的传说:"女娲,古神女而帝者,人面蛇身,一日中七十变。"在三位大神中,女娲神法通天,最善变化之能,一日可变化七十余次,幻化出数位大神。也就是说女娲是古代的神女,有着人的头和蛇的身体,是三位神中神力最大的,且善于变化,一天可以变化七十多次。

关于女娲造人的故事,流传较广的一个版本如下:

盘古开天辟地以后,天上有了太阳、月亮和星星,地上有了山川草木、鸟兽虫鱼,可是单单没有人类。有一个神通广大[11]的女神,叫作女娲,她走在大地上,看着周围的景色,感到非常孤独。她觉得在这天地之间,应该添一点什么东西进去,让它更加热闹、有生气。

走啊走啊,她走得有些累了,偶然在一个水池旁边蹲下来。清澈[12]的池水照见了她的面容和身影。她笑,池水里的影子也向着她笑;她假装生气,池水里的影子也向着她生气。她灵机一动:"虽然,世界上各种各样的生物都有了,可就是没有像自己一样的生物,那为什么不创造一种像自己一样的生物加入世间呢?"

想着,她就顺手从池边拿起一团黄泥,放在手里揉[13]成了一个小人儿一样的小东西。她把这个黄泥做的小东西放到地面上,它就活了,并且开口就喊:"妈妈!"女娲看着她亲手创造的这个聪明美丽的生物,又听见"妈妈"的喊声,不由得非常高兴。她给她心爱的孩子取了一个名字,叫作"人"。

女娲对她的作品感到很满意。于是,她又继续动手做,她用黄泥做了很多能说、会走的可爱的小人儿。这些小人儿在她的周围跳啊、叫啊,从此,她再也不感到孤独、寂寞了。

她做啊,做啊,一直到星星和月亮都出来了。第二天,天刚刚亮,她就又赶紧起来继续做小人儿。她想多做些小人儿,让他们布满大地。但是,大地毕竟太大了,她做了很长时间,感觉到非常累。

最后,她想出了一个很好的办法。她从树上折下一根树枝,伸到一个泥潭⁽¹⁴⁾里搅了搅，然后向地面挥洒，泥点子落到地上变成了很多很多的小人儿。不久，女娲就让大地上布满了人类的踪迹。

大地上虽然有了人类，女娲的工作却并没有停止。她想，人要是死了，那得再创造一批，这太麻烦了。怎样才能使他们继续生存下去呢？她终于想出了一个办法，就是把那些小人儿分为男人和女人，让男人和女人成亲，让他们自己去创造后代。这样，人类就世世代代繁衍⁽¹⁵⁾下来，并且一天比一天多了。

三、三皇五帝

三皇五帝是中国史前⁽¹⁶⁾传说的核心⁽¹⁷⁾人物。关于"三皇"到底是哪几个人，存在两种不同说法。一种说法是，"三皇"就是伏羲、女娲和神农，这种说法较为流行。第二种说法是，"三皇"指的是有巢（cháo）氏、燧（suì）人氏、伏羲氏、神农氏和女娲氏中的三位。有巢氏教人用木头搭建房屋；燧人氏教人钻木取火，用火煮食；伏羲氏教人结网捕杀和驯服⁽¹⁸⁾鸟兽；神农氏教人播种五谷①；女娲氏造人补天。

"五帝"时期比"三皇"要晚一些。关于"五帝"也有多种说法，但是比较常见的是黄帝、颛顼（Zhuānxū）、帝喾（Dìkù）、尧和舜。西汉史学家司马迁（Sīmǎ Qiān）的《史记》②开篇中的《五帝本纪》就顺序记载了黄帝、颛顼、帝喾、尧和舜"五帝"时代的历史，认为"五帝"时代是中国历史的开端。

4000多年前，黄河流域生活着许多氏族部落，黄帝和炎帝是其中最有名的两个部落首领。传说炎帝的部落崇拜火，崇拜红色，因此炎帝又被称作"赤帝"。炎帝的部落发明了农业、医药和陶器。神农尝百草说的就是炎帝尝百草并发明医药的故事。黄帝也叫有熊氏，是黄土高原一个农耕部落的首领，崇拜黄色。传说他曾经训练了六种野兽参加战争。当时东方还有个势力比较强大的部落叫九黎，首领叫蚩尤（Chīyóu）。传说蚩尤部落为了扩大自己的势力范围，和炎帝的部落发生了战争。炎帝部落和黄帝部落曾经互通婚

---

① 五种谷物，通常指稻、黍、稷、麦、豆。
② 西汉司马迁所撰，中国历史上第一部纪传体通史。

姻，结成联盟，于是两个部落联合起来在涿鹿（Zhuōlù，在今河北境内）打败了蚩尤的部落。涿鹿之战以后，黄帝又战胜了炎帝，成为中原地区部落联盟的首领。各个部落在中原地区经过长期的发展和融合，逐渐形成了华夏族的主体。华夏族是汉族的前身，因此，炎帝和黄帝也被认为是华夏族和汉族的始祖[19]。

传说黄帝发明了铜器，还以铜编钟[20]为乐器演奏音乐。此外，他还有很多跟衣、食、住、行相关的发明，如打井、造船、做弓箭、做衣服等。黄帝还发明了历法[21]，使得人们能够根据季节的变化来安排农业生产。

炎帝和黄帝时代的传说，在一段时间内因为没有历史考古资料作为证明，一度被认为是完全没有根据的想象和虚构[22]。但随着考古研究的进一步推进，它已经被仰韶文化的考古发掘[23]所证实。

颛顼和帝喾都是黄帝部落联盟后期出现的首领。关于颛顼和帝喾的资料比较少。相传尧属于唐陶氏，舜属于有虞氏，因此他们也分别被称作唐尧和虞舜。这一时代大体相当于父系氏族公社末期，当时已经产生了早期的王权。

四、大禹治水

传说尧担任部落联盟首领的时期，黄河经常发生水灾。洪水冲毁了农田、房屋和村庄，极大地破坏了人们的生产和生活，给人们带来了巨大的灾难。尧派夏后氏的鲧（Gǔn）去治理洪水，鲧采用建筑河堤[24]、堵住洪水的方法来治理洪水，但是治理了多年，最终还是失败了。在尧之后担任部落联盟首领的舜杀死了鲧，然后派鲧的儿子禹继续治理洪水。禹吸取了父亲治水的教训，采用疏导[25]的方法，让洪水顺着河道流向大海。传说禹治水非常努力，也非常辛苦，三次经过自己家门口都没有抽时间进去看看。经过了十三年的辛勤治理，禹终于把水患[26]治理好了。由于禹治水有功，且深受人们的尊重，人们尊称他为"大禹"。

五、禅让制

尧年老的时候，需要选择一位继承人[27]。他提出继承人的候选人[28]问题让大家讨论。舜非常擅长制作陶器，熟知农业知识，他领导人们开发山林、开辟[29]农田。而且舜很有组织和领导的才能，他的德行[30]也受到大家的认可，因此被大家推举为继承人的候选人。尧认为舜是可以托付[31]重任的人，于是让舜来辅佐自己。经过对舜长期的考察，尧最终在自己去世前把王位禅让给了舜，而未传给自己能力比较低下的儿子。舜继任了部落联盟首领以后，经过联盟议事会同意，任命六个人分别管理土地、教化[32]、人民、山林湖泊、祭祀[33]和刑罚。等到舜年老的时候，他仿效和学习尧的做法，推荐治水有功的禹继位。这种通过部落首领推荐而选举联盟首领继承人的方式，被称为"禅让制"。

大禹建立夏朝后，没有继续实行禅让制，而是直接把王位传给了自己的儿子启。从此，世袭制代替了禅让制。

▶ 生词表

（1）开天辟地（kāi tiān pì dì）：神话中说盘古氏开辟天地后才有世界，因此用"开天辟地"指宇宙开始或有史以来。

（2）混沌（hùn dùn）：中国传说中指宇宙形成以前模糊一团的景象。

（3）浊（zhuó）：浑浊，与"清"相对。

（4）丈（zhàng）：长度单位。1丈等于10尺，3尺合1米。

（5）化身（huà shēn）：指抽象观念的具体形象。

（6）孕育（yùn yù）：怀胎生育，比喻既存的事物中酝酿着新事物。

（7）瞬间（shùn jiān）：转眼之间。

（8）雷鸣（léi míng）：打雷。

（9）筋脉（jīn mài）：筋骨脉络。

（10）典籍（diǎn jí）：记载古代法令、制度的重要文献，泛指古代图书。

（11）神通广大（shén tōng guǎng dà）：原是佛教用语，指无所不能的力量，今指特别高明的本领。

（12）清澈（qīng chè）：清而透明。

（13）揉（róu）：用手反复推压搓弄东西，使变软或成球形。

（14）泥潭（ní tán）：泥坑。

(15) 繁衍（fán yǎn）：逐渐增多或增广。

(16) 史前（shǐ qián）：没有书面记录的远古。

(17) 核心（hé xīn）：事物的主要部分或中心。

(18) 驯服（xùn fú）：顺从；使顺从。

(19) 始祖（shǐ zǔ）：有世系可考的最初的祖先。

(20) 编钟（biān zhōng）：古代打击乐器，在架子上悬挂一组音调高低不同的铜钟，用小木槌敲打奏乐。

(21) 历法（lì fǎ）：用年、月、日计算时间的方法。主要分为阳历、阴历和阴阳历三类。

(22) 虚构（xū gòu）：凭想象造出来。

(23) 发掘（fā jué）：挖掘埋藏在地下的东西。

(24) 河堤（hé dī）：沿河修建的防水建筑物，多用土石等筑成。

(25) 疏导（shū dǎo）：开通壅塞的水道，使水流畅通。

(26) 水患（shuǐ huàn）：水灾。

(27) 继承人（jì chéng rén）：君主国家中指定或依法继承王位的人。

(28) 候选人（hòu xuǎn rén）：在选举前预先提名作为选举对象的人。

(29) 开辟（kāi pì）：开拓扩展。

(30) 德行（dé xíng）：道德和品行。

(31) 托付（tuō fù）：委托别人照料或办理。

(32) 教化（jiào huà）：教育感化。

(33) 祭祀（jì sì）：旧俗指备供品向神灵或祖先行礼，表示崇敬并祈求护佑。

思考题

1. 你的国家有关于人类起源的神话传说吗？内容是什么？
2. 你觉得为什么禅让制会被世袭制替代？
3. 请课后查一下有关神农尝百草和大禹治水的故事，给大家讲一讲。

第四课 夏朝和商朝

夏朝是中国历史上有文献记载的第一个奴隶制王朝。商朝是第二个王朝，也是第一个有文字可考的朝代。在这两个时期，中华文明在物质生产、制度建构和精神文化等方面都对中国历史进程产生了深远的影响。

一、夏朝

传说，夏后氏是黄帝的后裔[1]，是夏部落联盟的建立者。夏王朝存在的时间在约公元前2070年到公元前1600年之间。夏王朝的统治区域主要在（今河南）嵩山到伊水、洛水以及晋南（今山西南部）一带。夏王朝一共经历了十四代，十七王，前后共约470年。

1. 家天下

在尧舜时期，部落联盟的首领在选择接班人[2]的时候，采取的是禅让制。这种没有争斗、不分彼此的理想社会被称为"大同之世""天下为公"的社会。

自从禹传位给自己的儿子，建立夏王朝之后，情况发生了根本性的变化，"天下为公"的社会变成了"天下为家"的社会。这种转变的关键，就是夏朝的建立者禹在移交[3]王位时，没有沿用尧、舜"传贤不传子"的禅让制，没有选择有才能的人来接替王位，而是"传子不传贤"，将王位传给了自己的儿子。从此,"天下为公"变为"天下为家",意思就是,整个天下、整个国家变成了一家人的。传说禹年老时提议讨论继承人的人选,大家先推荐了皋陶(Gāoyáo),皋陶死了以后又推荐了东夷(yí)部落的伯益(Bóyì)。伯益在舜在位的时候,曾经参与管理山林,帮助禹治理水患。但是禹却偷偷地培植[4]自己的儿子启的势力,企图让他继承君位。禹死后,启和伯益之间发生了激烈的争斗,启最后杀死了伯益,继承了禹的职位。启即位以后,废除禅让制,建立了君位传子的制度,从此出现了"家天下"的夏王朝。这是私有制[5]、阶级分化和国家出现之后的必然产物。启也成为中国延续了几千年之久的君位传子制度的创始人,对中国的历史发展产生了重要的影响。

2. 奴隶制

夏朝是一个奴隶制国家。原来的部落在发生战争之后,胜利的一方会把俘虏[6]都杀死,后来,改为把这些俘虏作为奴隶,用来进行劳动生产和服役[7]。奴隶主是从氏族贵族转化而来的,国王是奴隶主阶级的最高政治代表。奴隶主和奴隶形成了一个国家中两个对立的阶级。奴隶主可以随意处罚甚至处死奴隶。贵族死后,还要杀死奴隶殉葬[8]。

除了奴隶和奴隶主之外,还有一类人,他们被称作"众人"或者"小人",也就是自由民。他们独立生活、生产,不属于任何人。但是一旦遇到战争,他们就必须为国家作战。如果作战胜利,他们能够分得俘虏,可能成为小奴隶主;如果作战失败,他们成为对方的俘虏,就要成为奴隶。

3. 少康中兴

禹是一位勤勉[9]而且能够与老百姓同甘共苦的统治者。他的儿子启却是一位好逸恶劳[10]的君主,他生活放纵[11],沉迷[12]于歌舞酒色。启的儿子太康则更加荒淫无度,完全不处理国家事务,其五个兄弟争夺王位,导致国家的统治力量逐渐削弱,老百姓对此也很不满。当时,东夷有一个部落叫有穷氏,它的首领后羿(Hòuyì)非常善于射箭和打仗。他趁着夏朝混乱的局势,起兵攻入夏都,赶走了太康,夺取了王位。这就是夏朝历史上的"太康失国"事件。

夺取王位以后的后羿,沉迷于捕猎取乐,不理民事。其统治集团内部发生了政变,大臣寒浞(Hánzhuó)杀死了后羿,篡夺[13]了政权。而失去王位的太康死后,他的弟弟仲康(Zhòngkāng)继续统率[14]这个家族。仲康死后,他的儿子相继承了他的位置,并与同姓的诸侯联合,积蓄力量,开始着手恢复家业、发展势力,并取得了一些战争的胜利。相的儿子少康在夏朝的老臣和有鬲氏的帮助下,重新从东夷手中夺回了夏王朝的政权。

少康登上王位以后,充分吸取太康失国的教训,努力恢复当年大禹治水时所采取的一些好的举措,对内继续实行德政[15],对外积极地改善与周围少数民族和部落的关系,国力得以逐渐恢复并强大起来。一些原来和夏王朝处于敌对状态的部落向它表示臣服,夏王朝的政权得以稳固,这就是著名的"少康中兴"。

少康死后,他的儿子杼(Zhù)继承了王位。杼小时候就跟随父亲少康到处流亡[16],又参加了少康打败寒浞的策划和战争。杼即位以后,继续实行德政、发展国力。在他的统治时期,夏王朝的国力最为强大。到杼的儿子槐(Huái)即位的时候,各地的少数民族和部族纷纷表示归顺[17]。从"少康中兴"到杼、槐时期,是夏王朝的鼎盛[18]时期。

4. 夏桀亡夏

槐之后的夏朝统治者芒(Máng)、泄(Xiè)、不降、扃(Jiōng)的统治基本上保持着比较稳定的局面,对东夷的统治也基本上能够维持。夏王朝的势力一度发展到东部沿海一带。到第十四个王孔甲时期,夏王朝开始逐渐走向衰落。孔甲信奉[19]鬼神,不理朝政,而且在生活上非常淫乱[20],导致诸侯们纷纷反叛。孔甲之后,夏王朝又经历了皋、发和履癸(Lǔguǐ)三代君主。履癸就是历史上有名的暴君桀(Jié)。

桀是夏朝最后一个统治者。他非常聪明,但是不实行德政,不体恤[21]百姓,统治极其残暴。他把自己比作太阳,整日沉迷于声色犬马[22]。为了满足自己奢靡[23]的生活,他大兴土木[24],修建了很多宫殿楼宇[25],还用许多美玉来装饰。老百姓对他极其痛恨,唱出歌谣"时日曷丧,予及汝(rǔ)偕亡",意思是"即使你是天上的太阳,我们宁愿和你同归于尽"。桀的暴政也引起了诸侯的不满。夏朝对周围的很多部落已逐渐失去控制。正当夏朝处于内忧外患[26]的时候,它所在的中心区域伊洛一带出现了大旱灾,这对夏朝来说无疑是雪上加霜[27]。同时,东夷的商部落在首领汤的领导下日益强大，归顺的小国也越来越多。最终，汤发动了推翻夏王朝的战争，与桀在鸣条（今河南封丘东）之野决战。桀战败，逃到南巢（今安徽巢湖），最后死在那里。夏朝就这样灭亡了。

二、商朝

中国有文字可考的历史是从商朝开始的。商朝建立于公元前1600年，到现在为止，已经有3600多年的历史了。商朝是中国历史上第二个统一的王朝。商从始祖契到汤，传了十四世，后来，汤完成了灭夏的事业，建立了商朝。商朝共传十七世，三十一王，共五百多年。商朝在青铜器制作、文字使用和城市建设等方面，都取得了巨大的突破。

1. 商汤和伊尹

商是一个历史悠久的子姓部落。商在灭夏之前，早就有了自己的历史。据说商的始祖契，曾经帮助大禹一起治水，立下了不少功劳。因此，舜任命契为司徒[①]（sītú），并且还把商这个地方分封给了契，于是契的后人把商作为自己的族名。后来，商人冥（Míng）还做了夏朝的水官。这表明，夏朝统治黄河中下游的时候，商是一直臣服于夏朝的。从契作为商的始祖，到汤起兵灭夏而建立商王朝的这段时期，称之为先商时期。

从商的第八个王上甲微开始，商逐渐强大起来。到汤统治的时候，商的国力已经非常强盛了。

商汤能够推翻夏王朝的暴虐[(28)]统治，建立新王朝，除了夏朝的统治黑暗腐朽[(29)]、不得民心以外，还有一个重要原因，就是有一个得力的助手——大臣伊尹的辅佐。伊尹原来既是奴隶主贵族的厨师，又是贵族子弟的老师。他既懂得烹调技术，又懂得如何治理国家。他因研究禹等英明的统治者治理国家的方法而远近闻名。汤曾经多次带着贵重的礼物去聘请他，最终伊尹以陪嫁之臣的身份来到汤身边辅佐他。商起初一直是臣服于夏朝的，但随着夏朝的逐渐衰落，商逐渐强大起来，开始推动灭夏建商的进程。汤首先趁夏与诸侯混战的时候，灭掉了一些跟夏关系很好的诸侯国。按照大臣伊尹

[①] 古代官职名。舜任命契为司徒，主管教化百姓。

第四课　夏朝和商朝

的计划，商首先停止对夏朝的贡赋。夏桀非常生气，想要给商一点教训，于是发兵征讨[30]商，但诸侯国都已经不听夏桀的指挥了，夏朝在政治和军事上孤立无援[31]。伊尹看到灭夏的时机已经成熟了，于是建议汤立刻下令伐[32]夏。汤在出兵前对将士们说："不是我要发动战争，是夏后氏有罪，上天要灭它。你们帮助我去执行老天的意志，我会重赏你们。"两军大战于鸣条之野，结果夏桀大败，逃往南巢，并死在那里。

汤建立商王朝以后，不再沿用"帝"的称号，而是自称为"王"。汤是商朝的最高统治者。作为商王朝的第一个王，汤开始在制度上进行较大的改革和建设，逐步建立了国家制度和权力机构。他任用伊尹和薛（Xuē，今山东滕县）地部落的仲虺（Zhònghuī）作为自己的辅佐；设立官职，使辅佐治理国家的人成为"尹"和"臣"，往下再设置分管各种事物的小官。汤是一位非常有才干，并且很贤明[33]的君主，他认为老百姓的生活水平高低才是衡量一个国家治理好坏的根本标准。

2. 商的青铜文化

青铜器的制造大概在夏朝就开始了，但当时制造的只是一些小型的酒器。到了商朝，青铜器的制造达到了鼎盛时期，无论是数量还是工艺，都达到了相当的高度。在商王武丁的妻子妇好的墓中，发现了两百多件青铜礼器[34]。青铜器，尤其是青铜礼器，是供王室和贵族使用的，制作非常讲究。其中，最引人注目的是后母戊鼎和四羊方尊。后母戊鼎高133厘米，长110厘米，宽78厘米，是目前为止发现的最大的商代青铜器。四羊方尊设计精巧，造型优美。这两件青铜器充分展示了商代高超的青铜器制作工艺。

3. 甲骨文

甲骨文是刻在龟甲和兽骨上的一种文字。甲骨文是中国目前发现的最古老的、系统的文字，现代汉字就是从甲骨文演变而来的。

甲骨文是在清朝末年被发现的。清朝末年，在河南安阳一带，农民们在农田里耕作的时候，常常会在土地里发现一些龟甲片和兽骨片，他们就把这些甲骨片当作中药龙骨卖给中药店。1899年，清朝的金石学[35]家王懿荣（Wáng Yìróng）生病了，他的家人从中药店买来一些龙骨，他看到龙骨上刻着一些奇怪的符号，认出了这就是失传已久的中国古代文字，于是高价大量收购龙骨。这一年也被学者们认为是发现甲骨文的元年。

1903年，王懿荣的好朋友刘鹗（Liú È）通过对甲骨文的研究，首先提出这些刻在龟甲和兽骨上的文字是"殷（yīn）人①的刀笔文字"，即商朝人用刀刻在龟甲和兽骨上的文字，是用来占卜的卦辞。由此，刘鹗出版了第一部著录甲骨文的著作《铁云藏龟》。

从甲骨文发现的那天起至今，经过多次考古发掘，先后发现了15万片以上的龟甲或者兽骨片，共有单字5000多个，其中已经被解读的大约有1700个。

在商代，宗教信仰十分盛行，商朝人相信万物有灵。巫术、占卜和祭祀都是人们社会生活的重要内容。在商朝人的观念中，世界上存在着很多超自然的神灵。在这些神灵中，地位最高的有帝或者上帝，此外，还有日神、月神、风神、雨神、山神、河神等。他们认为这些神灵直接或者间接地控制着自然现象和人世间的事物。此外，已经去世的祖先在他们心目中也占有非常重要的地位。因此，无论大事小事，他们都要求告(36)于自己的祖先。用龟甲、兽骨进行占卜就是他们与鬼（自己的祖先）神（神灵）沟通的重要方式。上到国家大事，下到私人生活，包括祭祀、天气、疾病以及生育等，无论事情的大小，商王都要进行占卜，询问鬼神的意见。龟甲、兽骨上的那些文字很多记录的都是商王占卜的结果，因此也被称为"卜辞"。

汉字的造字法可以分为象形、指事、会意、形声、假借和转注六类，合称"六书"。这六种造字法在甲骨文中都已经具备了，不过其还是以象形为主。

甲骨文

---

① 商朝多次迁都，最后把都城迁到了殷（今河南安阳），因此商朝也被称作殷商，商朝人被称为殷人。

第四课　夏朝和商朝

▶ 生词表

（1）后裔（hòu yì）：已经死去的人的子孙。

（2）接班人（jiē bān rén）：接替上一班工作的人，多用来比喻接替前辈或前任工作、事业的人。

（3）移交（yí jiāo）：把人或事物转移给有关方面。

（4）培植（péi zhí）：扶植（势力）使壮大。

（5）私有制（sī yǒu zhì）：生产资料归私人所有的制度。随着生产力的发展、剩余产品的出现和原始公社的瓦解而产生，是产生阶级和剥削的基础。

（6）俘虏（fú lǔ）：打仗时捉住的敌人。

（7）服役（fú yì）：旧时指服劳役。

（8）殉葬（xùn zàng）：古代的一种风俗，逼迫死者的妻妾、奴隶等随同埋葬，也指用俑和财物、器具随葬。

（9）勤勉（qín miǎn）：勤奋。

（10）好逸恶劳（hào yì wù láo）：贪图安逸，厌恶劳动。

（11）放纵（fàng zòng）：纵容；不加约束。

（12）沉迷（chén mí）：深深地迷恋。

（13）篡夺（cuàn duó）：用不正当的手段夺取（地位或权力）。

（14）统率（tǒng shuài）：统辖率领。

（15）德政（dé zhèng）：有益于人民的政治措施。

（16）流亡（liú wáng）：因灾害或政治原因而被迫离开家乡或祖国。

（17）归顺（guī shùn）：归附顺从；向敌对势力屈服。

（18）鼎盛（dǐng shèng）：正当兴盛或强壮。

（19）信奉（xìn fèng）：信仰并崇奉。

（20）淫乱（yín luàn）：在性行为上放纵，违反道德准则。

（21）体恤（tǐ xù）：设身处地为人着想，给以同情、照顾。

（22）声色犬马（shēng sè quǎn mǎ）：指纵情淫乐的生活。

（23）奢靡（shē mí）：奢侈浪费。

（24）大兴土木（dà xīng tǔ mù）：大规模兴建土木工程，多指盖房子。

（25）楼宇（lóu yǔ）：楼房。

（26）内忧外患（nèi yōu wài huàn）：指国内的变乱和外来的祸患。

（27）雪上加霜（xuě shàng jiā shuāng）：比喻一再遭受灾难，损害愈加严重。

（28）暴虐（bào nüè）：凶恶残酷。

（29）腐朽（fǔ xiǔ）：思想陈腐、生活堕落或制度败坏。

（30）征讨（zhēng tǎo）：出兵讨伐。

（31）孤立无援（gū lì wú yuán）：指单独行事，得不到外力援助。

（32）伐（fá）：指讨伐，出兵攻打。

（33）贤明（xián míng）：有才能，有见识。

（34）礼器（lǐ qì）：在婚丧、祭祀等活动中所使用的器物。

（35）金石学（jīn shí xué）：以古代铜器和其他金属器物以及石刻碑碣上的文字作为研究对象的一门学科。

（36）求告（qiú gào）：央告（别人帮助或宽恕自己）。

思考题

1. 你认为从"天下为公"到"天下为家"是一种进步还是倒退？
2. 谈谈你对甲骨文和"六书"的了解。

第五课　西　周

周武王灭掉商朝建立周朝，周又分为西周（公元前1046年—前771年）和东周（公元前770年—前256年）。西周从武王开始到幽王结束，共传十二个王，历276年。

一、武王伐纣

周原来是一个生活在黄土高原上的古老的姬姓部落，夏朝末年活动在今陕西、甘肃一带。周的土地十分肥沃[1]，非常适合耕种。周是一个精通[2]农业的部落，周的始祖弃曾经做过夏朝的农官。古公亶（dǎn）父是周朝的奠基人。到了古公亶父的儿子季历即位的时候，周已经发展了以农耕为主的经济部门，并且在关中泾河、渭河流域建立了自己的领地，逐渐强大起来。

商王文丁为了阻止周的势力继续扩大，杀了季历。季历的儿子昌，也就是后来的周文王继位。在之后的五十年里，他一方面保持了商朝属国的地位，另一方面积极发展国力，为灭商作准备。在一系列战争之后，周的势力范围扩展到商朝的中心地区，并继续向东发展。周文王在死之前基本上完成了灭商的准备。文王死后，他的儿子姬发继位，即周武王。周武王任命吕尚、周公旦、召公等辅佐自己，一起商讨灭商的计划。经过精心的准备，周的国力越来越强大，而这个时候的商王朝，在商王纣（Zhòu）的残暴统治下却越来越腐败，很多忠臣[3]被他残忍杀害了。周武王认为灭商的时机已经成熟了,于是向天下的诸侯发布讨伐商纣王的命令,率领军队向东行进,很多少数民族部落也自动加入讨伐商纣王的队伍中。在周武王的军队攻打到商朝的都城朝歌附近的牧野时,商纣王才匆忙组建军队。虽然商纣王的军队人数上占优势,但是军心涣散(4),很多人痛恨纣王残暴的统治,希望商朝早点灭亡,于是倒戈(5)起义,和周武王的军队一起冲向纣王,这就是著名的牧野之战。最终,纣王大败,逃回自己的宫殿,自焚(6)而死。周武王的大军进入朝歌时,老百姓都从家中出来迎接。自此,商朝灭亡,周朝建立。

二、分封制

周武王灭商建立周王朝后,在全国推行封建领主制。天子是国家的最高统治者,也是最高的土地所有者。周武王为了稳定臣服于周朝的部落和诸侯以及被征服的地区,实行大规模的分封制,当时称为"封建",即"封邦建国"。分封的对象有两类,一类是各个地方原来就存在的诸侯国,另一类是周王的子弟、同族、亲戚和功臣。一方面,周王把土地和人民分给诸侯,让他们在各地建立隶属(7)于周王朝的地方政权;另一方面,各地的诸侯要协助周王统治整个王朝。诸侯有保卫国土、捍卫(8)王室、缴纳(9)贡税(10)等义务。

诸侯在自己的封国内还可以再行分封,封国内一部分由自己管辖(11),其余部分分封给他的卿大夫,卿大夫又以同样的方式再分封给士,由士直接管理老百姓。

在分封制下,土地实行井田制,且不允许买卖。天子对全国的土地有最高的所有权,诸侯、卿大夫、士等各级贵族有占有权和使用权,而老百姓没有所有权和使用权,只有耕作的义务。贵族们把田地分成两类:一类是贵族自己留用,称作"公田",老百姓要集体无偿耕作;另一类分给老百姓耕作,收获物归老百姓。

三、周公东征

周武王消灭商朝以后,开始分封土地。他把殷封给纣王的儿子武庚

(Wǔgēng)，利用他统治原商朝的老百姓。周武王把商的王畿（jī）[1] 划分为三个部分，交给他的三个弟弟管理，目的是监督[12]武庚和原商朝的老百姓。他把殷以东的地方交给管叔鲜驻守[13]，殷以西的雍（Yōng）地交给蔡叔度驻守，殷以北的邶（Bèi）交由霍叔处驻守。史上称这三人为"三监"。

　　武庚表面上臣服于周，但时刻想复辟[14]商朝。周武王在灭商三年后就病死了，他的儿子周成王继位。但周成王那时年龄尚幼，没有能力处理国家的事情，于是，武王的弟弟周公旦承担起了摄政[15]的重任。管叔、蔡叔以及其他贵族对此非常不满，他们认为周公旦想借此机会夺取王位，于是四处散播[16]流言[17]。武庚一直想恢复已经覆灭[18]的商朝，于是借此机会勾结"三监"，发动了大规模的叛乱。周公为了巩固新建的周王朝，率兵东征，首先剿灭了参与叛乱的"三监"，杀死了管叔，流放[19]了蔡叔，罢免[20]了霍叔，又消灭了武庚的叛军，杀死了武庚。虽然周公旦收复了失去的土地，但是他清醒地认识到，没有经过战争征服的广大东部地区，是周王朝最大的威胁。于是，周公旦率领军队继续向东，用了三年的时间，彻底打败了参与叛乱的几十个东方小国。经过这次战争，周王朝在全国的统治才得到巩固。

　　周公旦摄政期间，除了巩固周朝政权外，还提出并制定了周朝的礼乐制度。西周时期的礼仪，可以分为吉、凶、军、宾、嘉（jiā）五种，其中比较重要的礼仪有冠礼[2]、婚礼、丧礼、祭礼、射礼[3]等。

　　在完成了一系列重大的举措之后，周公旦还政于已经长大成人的成王，自己作为臣子继续辅佐成王治理国家。在周王朝从建立到巩固、发展的过程中，周公旦作出了巨大的贡献。

四、烽火戏诸侯

　　西周后期的周厉王，因不实行德政而引起人民的不满，最终在公元前841年引发了"国人暴动[21]"。周厉王逃亡，政权由大臣周定公和召（shào）穆公等共同执掌，称为"共和"。共和元年，即公元前841年，是中国历史

---

[1] 指王城周围千里的地域。
[2] 中国古代男子成年时（二十岁）加冠的礼节。
[3] 中国古代一种军礼，是西周时期为选拔人才而制定的一种礼仪。

有确切纪年的开始。公元前828年,周厉王病死。次年,其子静被立为王,是为周宣王。周宣王在周定公和召穆公的帮助下,整顿国家内政,逐步恢复社会秩序。宣王在位的四十六年间,周朝在政治上和军事上取得了一定的成就,这个时期被称为"宣王中兴"。

周宣王死后,周幽王继位。周幽王奢侈贪婪[22],不但残酷剥削[23]劳动人民,还劫夺[24]贵族的财物。在他统治期间,周朝的政治腐败黑暗,统治阶级内部矛盾加剧,还发生了争夺继承权[25]的斗争。当时,关中连续多年发生旱灾,老百姓四处流亡,社会动荡不安。

西周为了防御少数民族犬戎的侵犯[26],在都城镐京(Hàojīng)附近的骊山(Líshān)上修建了20多座烽火台,每隔几里就有一座。一旦有敌人来犯,首先发现敌人的哨兵就立刻在台上点燃[27]烽火,邻近的烽火台相继点火,向附近的诸侯报警,诸侯们见了烽火,知道京城告急,就会马上带兵来保护天子。

周幽王十分宠爱[28]妃子[29]褒姒(Bāosì),但是褒姒从进宫以后从来没有笑过,周幽王为了博她一笑,想尽一切办法,还花很多钱悬赏[30]寻找能让她一笑的人。这时,有个人提议用烽火台试一试。

于是,周幽王下令让人点燃烽火,并带着褒姒一同观看。诸侯们看见烽火点燃,以为有敌人入侵,纷纷带兵赶到骊山下。然而诸侯们一个敌人都没看到,却看到幽王和褒姒在饮酒作乐。褒姒看到诸侯们被戏弄[31]的样子,不禁笑了起来,周幽王大喜。后来为了博褒姒一笑,周幽王像这样戏弄了诸侯们好几次,诸侯们渐渐都不来了。

公元前771年,犬戎大军进攻镐京,周幽王非常惊慌,赶紧下令点燃烽火,但因为前几次被戏弄,诸侯们这次都没有理会。最后,周幽王和褒姒被杀死,西周灭亡。这个时候,诸侯们才知道犬戎是真的攻进了镐京,他们这才联合起来,带着军队来救援。犬戎看到诸侯们的大军到了,把周朝的财物都抢走并撤退[32]了。

西周的大臣们和诸侯们立太子姬宜臼为王,这就是周平王。因为都城镐京(今陕西西安)已经被战争破坏,并且周朝西边大部分的土地都被犬戎占领,于是周平王不得不在公元前770年把都城迁到洛邑(今河南洛阳)。东周时代开始了。

生词表

(1) 肥沃（féi wò）：（土地）含有较多的适合植物生长的养分、水分。

(2) 精通（jīng tōng）：对学问、技术或业务有透彻的了解并熟练地掌握。

(3) 忠臣（zhōng chén）：忠于君主的官吏。

(4) 涣散（huàn sàn）：（精神、组织、纪律等）散漫；松懈。

(5) 倒戈（dǎo gē）：在战争中投降敌人，反过来打自己人。

(6) 自焚（zì fén）：自己烧死自己。

(7) 隶属（lì shǔ）：（区域、机构等）受管辖；从属。

(8) 捍卫（hàn wèi）：保护（多用于抽象事物）。

(9) 缴纳（jiǎo nà）：交纳（多指履行义务或强制交付）。

(10) 贡税（gòng shuì）：古代臣民向皇室缴纳的金钱、实物等；赋税。

(11) 管辖（guǎn xiá）：管理；统辖（人员、事务、区域、案件等）。

(12) 监督（jiān dū）：察看并督促。

(13) 驻守（zhù shǒu）：驻扎防守。

(14) 复辟（fù bì）：失位的君主复位，泛指被推翻的统治者恢复原有的地位或被消灭的制度复活。

(15) 摄政（shè zhèng）：代君主处理政务。

(16) 散播（sàn bō）：散布开。

(17) 流言（liú yán）：没有根据的话（多指背后议论、诬蔑或挑拨的话）。

(18) 覆灭（fù miè）：全部被消灭。

(19) 流放（liú fàng）：把犯人放逐到边远地方。

(20) 罢免（bà miǎn）：免去（官职）。

(21) 暴动（bào dòng）：阶级或集团为了破坏当时的政治制度、社会秩序而采取武装行动。

(22) 贪婪（tān lán）：贪得无厌（含贬义）。

(23) 剥削（bō xuē）：无偿地占有别人的劳动或产品，主要是凭借生产资料的私人所有权来进行的。

(24) 劫夺（jié duó）：用武力夺取（财物或人）。

（25）继承权（jì chéng quán）：依法或遵遗嘱承受死者遗产等的权利。

（26）侵犯（qīn fàn）：侵入别国领域非法干涉别人，损害其权利。

（27）点燃（diǎn rán）：使燃烧；点着（zháo）。

（28）宠爱（chǒng'ài）：（上对下）喜爱；娇纵偏爱。

（29）妃子（fēi zi）：皇帝的妾，地位次于皇后。

（30）悬赏（xuán shǎng）：用出钱等奖赏的办法公开征求别人帮助做某件事。

（31）戏弄（xì nòng）：耍笑捉弄；拿人开心。

（32）撤退（chè tuì）：（军队）从阵地或占领的地区退出。

思考题

1. 夏商周时期在朝代更替上有什么共同点？
2. 夏商周时期在哪些方面对中国历史进程产生了长久的影响？
3. 请谈谈周公旦这个人的成就和贡献。

第六课　东　周

周平王在公元前770年把都城从镐京迁到了东都洛邑,在这以后的周朝被称为东周。东周直到公元前256年被秦朝所灭,一共存在了515年。东迁后,周王室的力量逐渐衰落,周王很快失去了对诸侯的控制。东周进入了一个动乱时期,这段历史一般被分为两个时期——春秋时期和战国时期。从周平王迁都到周敬王末年是春秋时期。从公元前475年到秦始皇统一六国(公元前221年)是战国时期。春秋战国时期的五百多年是各种社会制度的巨大转型(1)和变革(2)时期:政治方面,由分封制向中央集权的郡县制转型;土地制度方面,由国有制向私有制转型。此外,春秋战国时期在思想上是一个百家争鸣(3)、百花齐放(4)的时期,出现了很多思想学派(5)和思想家。这一时期的文学、科技和医学也得到了相当大的发展。

一、春秋时期

1. 春秋五霸

在春秋前期,周的诸侯国还有一百多个,但是大多数已经不再听命(6)于周王。诸侯国之间互相兼并,各个大国以"挟天子以令诸侯"① 的形式争当

---

① 积极发展自己的势力,打着周王的旗号,对别的诸侯国发号施令。

霸主。春秋时期一共有五个霸主，分别为齐桓公、晋文公、楚庄王、吴王阖闾和越王勾践。

首先称霸的是齐桓公。齐国在春秋前期已经是国力比较强盛的大诸侯国，它的领土非常大，占据了现在山东的北半部，且十分富饶。在齐桓公的哥哥齐襄（xiāng）公统治时期，齐国的政治非常黑暗。齐桓公继位以后，听从鲍叔牙（Bào Shūyá）的推荐，任命管仲（Guǎn Zhòng）为相，帮助自己治理国家，在齐国推行了一系列有利于国家稳定和发展的举措。经过管仲的改革，齐国的国力越来越强盛。齐国多次帮助周边小诸侯国击退少数民族的侵犯，得到了一些诸侯国的拥护，逐渐建立了自己的威信[7]。公元前651年，齐桓公在葵丘（Kuíqiū，今河南兰考东）和鲁、宋、卫、郑等国的国君会盟[8]。这次盟会规定，同盟的各诸侯国互不侵犯，共同抵御外敌。这次会盟，齐桓公成为盟主，也成为春秋时期的第一位霸主。

齐国称霸中原的时候，晋国的国力渐渐地发展起来。公元前636年，流亡在外十九年的晋公子[9]重耳回国继位，是为晋文公。他开展了一系列政治、经济、军事方面的整顿和改革，缓和了统治集团内部的矛盾，巩固了自己的统治基础。他还大力发展农业，重视商业，节省政府开支，这些措施使得晋国国力更加强大。那时候，齐桓公已经死了，齐国国力衰微，南方的楚国不断向北侵犯。公元前632年，晋国和楚国在城濮〔Chéngpú，今山东鄄城（Juànchéng）西南〕发生大战。晋军看到楚国的军队来势凶猛，故意把自己的军队往后撤退了三舍①，然后和宋国、齐国、秦国的军队一起合力打败了楚国的军队，这就是著名的城濮之战。战后，晋文公在践土（Jiàntǔ，今河南原阳西南）会盟齐、鲁、宋、卫等七国诸侯，晋文公成了新的中原霸主。

楚国是长江、汉江流域的一个蛮族国家，西周时期在丹阳〔今湖北秭归（Zǐguī）〕一带活动。公元前689年，在郢（Yǐng，今湖北江陵纪南城）建立了国都。公元前671年，楚成王即位。他积极学习华夏中原文化，努力与周和中原一些诸侯国搞好关系。晋国称霸中原的时候，南方的楚国逐渐向东扩展自己的势力范围，兼并了一些小国之后，开始转向北方争霸中原。公元

---

① 三十里为一舍，三舍九十里。

前597年，楚国攻打郑国，晋国救郑国，楚国的军队在邲〔Biàn，今河南荥阳（Yíngyáng）东北〕这个地方大败晋国的军队。公元前594年，楚国出兵攻打宋国，宋国向晋国求助，晋国因为害怕楚国，不敢出兵。从这以后，黄河以南的中原各个国家都背晋向楚，楚国成为长江中游和淮水上游地区的多民族大国，也成为继晋国之后的霸主。

晋国和楚国争霸的战争使得很多诸侯国都卷入其中，各国所受的战争灾害非常严重，许多中小国开始厌倦战争，渴望和平。春秋中期，中原地区的中等诸侯国发起了以反战为主的和平会盟——"弭（mǐ）兵"之会。"弭兵"之会一共有两次，都是由宋国发起的。不过，第一次"弭兵"之会仅仅维持了三年，晋楚两国就于公元前575年爆发了战争，楚国大败。公元前546年，宋国的大夫向戎（Xiàng Róng）再一次发起"弭兵"之会。这次"弭兵"之会很快得到了各个诸侯国的积极响应，十四个诸侯国承认晋、楚两国同为霸主。至此，春秋时期中原地区的大战基本结束。

"弭兵"之会后的四十年间，长江下游的吴国和越国的国力逐渐增强。吴国在楚国的东边，公元前506年，吴王阖闾率领大军攻打并大败楚国。这个时候，吴国的邻国越国趁着这个机会攻入了吴国的都城，吴国被迫从楚国撤军。公元前496年，越王允常死，他的儿子勾践继位，吴王阖闾为了报复越国的偷袭，趁这个机会讨伐越国。吴王阖闾在战争中受伤而死，他的儿子夫差继位。公元前494年，夫差为了报杀父之仇，率领大军攻打越国。越国战败，越王勾践向吴国求和，表示愿意做吴国的属国，夫差同意了。这时，北方的齐国、鲁国大乱，吴王夫差想借此机会争霸中原，就不断向北方发动战争。公元前482年，吴国争得了盟主[10]的地位。

越国败给吴国以后，越王勾践回到自己的国家。就在吴国为了争霸不断向北方征战的时候，越王勾践却"卧薪尝胆"[①]，重用谋士[11]范蠡（Fàn Lǐ）、文种等人。经过十年的努力，越国逐渐恢复了国力。同时，越王联合楚国，趁吴王北上与晋定公在黄池会盟的机会攻入吴国，打败了吴国留守的军队，杀死了吴国的太子。吴王夫差在黄池听到这个消息，匆匆忙忙率领军队返回

---

① 春秋末年，越国被吴国打败，越王勾践立志报仇。据说他睡觉睡在柴草上头，吃饭、睡觉前都要尝一尝苦胆，策励自己不忘耻辱。经过长期准备，终于打败了吴国。现多用来形容人刻苦自励，立志雪耻图强。

吴国。公元前478年，吴国发生了重大灾荒[12]，勾践趁着这个机会向吴国发动进攻。公元前473年，越国最终攻下了吴国的都城姑苏（今江苏苏州），吴王夫差自杀，吴国灭亡。越王勾践灭吴国之后，也开始向北发动战争，谋求[13]中原霸主地位。他率领军队渡过淮河，和齐国、晋国在徐州（今山东滕州东南）会盟，并向周王进献了礼物。勾践回到越国之后，把淮上的土地分给了楚国，把吴国占领的宋国的土地还给宋国，还把泗水以东的百里土地归于鲁国。东方的诸侯国都来朝贺越王勾践，勾践自号为霸王，成为春秋时期最后一位霸主。

2. 春秋时期的经济

春秋时期，以井田制为形式的土地国有制度瓦解，以地主经济为形式的土地私有制逐渐产生。随着周天子势力的衰落，周王室对全国的土地也逐渐失去控制，导致诸侯也没有办法进一步控制辖内的土地。大量井田没有人管理和经营，慢慢地被有权势的人强占。不少农奴逃跑后，到边远地区开垦荒地进行耕种。土地私有制逐渐产生。

到了春秋中期，铁器的使用已经非常常见了。这个时期的铁器有铁铲、铁刀和一些手工工具。春秋时期，牛耕也已经出现。铁器和牛耕配合使用，使得农业生产力得到很大的提高。

春秋时期，手工业也有了很大的发展，主要表现在手工业门类增多、制作技术进步。除了漆器业、纺织业、制陶业之外，还有铸铜业、木器业、冶铁业等，都有较大的发展。青铜制造的技术水平也有了很大提高。除了礼器、乐器、兵器之外，青铜器主要还有食器、炊器、车马具等生活用具。这个时期最有代表性的青铜器是1978年在湖北随县出土[14]的曾侯乙编钟。

春秋时期，民间商业也有了较大发展，出现了很多靠私人资本经商的大商人，如孔子的弟子[15]子贡。越国的大夫范蠡在帮助勾践灭吴国后，也退隐[16]民间开始经商。由于商业的快速发展，原来作为货币的海贝已经无法满足商业交换的需要，金属铸币[17]开始大量出现。

3. 三家分晋

春秋中期，晋国的政权实际上被赵、韩、魏、知、范、中行氏六家所控

第六课 东周

曾侯乙编钟（来源：湖北省博物馆）

曾侯乙尊盘（来源：湖北省博物馆）

制。后来赵、韩、魏、知四家联合消灭了范氏和中行氏。公元前453年，赵、韩、魏三家又联合起来消灭了知氏。晋国的政权和绝大部分土地都被这三家控制，晋国的国君只拥有很小一部分土地。公元前403年，周王承认赵、韩、魏三家为诸侯,晋国名存实亡[18]。公元前376年,赵、韩、魏废黜了晋国的国君,并瓜分[19]了他的土地,晋国灭亡。

二、战国时期

从公元前475年到公元前221年是战国时期。当时有二十多个诸侯国,其中,齐、楚、秦、燕、赵、魏、韩这七国最强大,因此被称为战国七雄。由于这七国长期混战,这个时期也被人们称为战国时期。

战国时期,生产力水平获得了快速的提高,土地私有制进一步发展。此外,国家之间战争频繁,各种社会矛盾、阶级矛盾日益激化,各个诸侯国的统治阶层为了维护自己的统治利益,以适应社会出现的大变动,纷纷进行变法。比较著名的有魏国的李悝(Lǐ Kuī)变法、楚国的吴起变法和秦国的商鞅(Shāng Yāng)变法。此外,赵、韩、齐、燕也都进行了小规模的改革。战国时期的变法运动是一场诸侯国为了适应社会生产力和社会关系发生巨大变化而进行的改革运动。经过变法,多国变得强大起来。

战国时期一个重要的特征就是战争。战国中前期,各个诸侯国长期进行兼并战争。在这期间,秦国不断侵占其他国家的土地,日益强大。到了战国后期,兼并战争逐渐发展成为秦国消灭六国进而统一天下的战争。

1. 诸侯兼并

这一阶段的战争从公元前354年开始,到公元前334年结束,以魏国为中心,参战者主要有齐、赵、韩等国。经过李悝的变法后,魏国率先强大起来,成为中原的霸主。公元前354年,魏国向赵国发动进攻,赵国向齐国请求帮助。齐国的大将田忌(Tián Jì)采取孙膑(Sūn Bìn)的策略,没有直接去赵国,而是攻打魏国的首都大梁。魏军只好从赵国撤军,赶回魏国,走到半路却遭到齐国军队的袭击[20]而大败。这就是著名的战例——围魏救赵。

公元前342年,魏国又讨伐韩国,韩国向齐国求救。孙膑仍然采取攻打魏国都城的策略,引诱魏军从韩国撤军。孙膑设了一个计谋,让齐国军队假装失败,把魏国的军队引到马陵这个地方进行围歼,魏军大败,死伤无数。魏军主将庞涓(Páng Juān)自杀。这就是著名的马陵之战。

经过商鞅变法以后的秦国逐渐强大起来,对关东各国产生了巨大的威胁。而魏国在随后多年的征战中,国力渐渐衰败。

2. 合纵与连横

关东各国联合起来,组成了军事联盟,称为"合纵",就是弱国联合起来对抗一个强国。秦国为了破坏关东各国的军事联盟,在关东争取盟国,称为"连横",就是依靠一个强国进攻其他弱国,并从中捞取好处。

合纵是由洛阳人苏秦发起的,首先他得到了燕国的支持,后来又联合了赵国,最终这两国和韩、魏、齐、楚一起形成了南北联盟之势,因此也称为"南北为纵"。合纵的形成对秦国向东扩张[21]形成了一定压制[22]。

张仪是秦国的宰相,他率先倡导连横。张仪在劝说魏国背弃[23]合约失败后,秦国先攻打了韩国的军队,给魏国施加压力,后来又帮助魏国打败楚国。公元前328年,秦国攻占了魏国的蒲阳,后来又归还给魏国。秦国采取这种一边打一边拉拢[24]的策略,成功破坏了合纵,形成了秦、魏、韩三国连横,与齐、楚两国合纵对抗的局势。

在这之后,为了满足各自的利益和扩张的要求,战国七雄之间的合纵和连横多次分了又合,合了又分,但战争依然不断。原来的大国齐国、楚国以及其他几个诸侯国在不断的混战中,国力逐渐衰弱,而秦国的领土却逐渐扩大,势力也越来越强。

3. 秦统一中国

公元前246年,秦王嬴政即位。当时,嬴政只有十三岁,由相国吕不韦(Lǚ Bùwéi)掌权[25]。公元前238年,秦王亲自执政,镇压了国内的叛乱后,就展开了对六国的进攻。秦国先后灭掉了韩、魏、楚、燕、赵。公元前221年,秦灭齐。从公元前230年到公元前221年,仅仅用了10年时间,秦就灭了六国,完成了统一中国的大业。

三、百花齐放、百家争鸣的文化盛世

春秋战国时期是我国古代思想、文化大发展的时期,是一个百花齐放、百家争鸣的时代。这一时期出现了一大批不同的哲学流派和著名的思想家、哲学家，也产生了很多影响深远的哲学、思想著作。其中，在思想领域影响比较大的是儒家、道家、法家、墨家和兵家。

1. 儒家

儒家是至今对中国人的思想和行为影响最为深远的一个哲学流派。孔子（公元前551—前479）名丘（qiū），字仲尼（zhòngní），春秋后期鲁国人，儒家创始人。孔子曾经在鲁国担任过中级和高级官吏，后来自己办学校。据记载，他教过的学生有三千多人，其中最著名的有72人。为了宣传自己的政治主张，孔子先后到过卫、宋、郑、陈等国，但其主张都没有被采纳，后来回到鲁国后病逝。

孔子画像

孔子是一位伟大的思想家。他思想的核心内容是"仁"。他希望人和人之间相互友爱，认为人和人之间的关系都要靠一定的伦理[26]来维系[27]，每个人都应该加强自己的修养，尽量做到自己的本分和职责。孔子将"仁"上升并应用到政治层面，要求统治者不要施行"暴政"，要施行"仁政"，爱护百姓，宽以待人。

孔子还是一位伟大的教育家。他打破了中国古代"学在官府"、教育由贵族阶层垄断[28]的局面，创办私学[29]，三十岁开始招收学生。孔子提出了很多著名的教育主张，如"有教无类""因材施教"等。"有教无类"的意思是，无论学生属于什么阶层，无论是贫穷还是富有，都应该接受教育；"因材施教"指的是，老师应该对不同性格、能力、兴趣的学生实行不同的教育方法。此外，他还提出了很多教育和学习的方法。如"温故而知新"，强调经常复习的重要性；"学而不思则罔，思而不学则殆"，强调学习和思考要相结合才能达到更好的学习效果。

孔子熟悉古代经典，晚年还对中国上古时期的文献进行大规模的整理，现在流传下来的《诗》《书》《礼》《易》《春秋》等儒家经典都经过了孔子的整理。孔子"述而不作"①，他的弟子把他的言论整理成书——《论语》。

战国时期，儒家的代表人物是孟子。孟子名轲（kē），邹（Zōu，今山东邹城）人，是孔子的孙子子思的弟子。他继承和发展了孔子的学说，曾经到宋、滕、魏、齐等国宣传自己的政治主张。孟子思想的核心是"仁""义"，主张施行"仁政"。他认为施行"仁政"应该从恢复井田制开始，因为井田制使得每个人都有田地。他还提出了"民为贵，社稷(30)次之，君为轻"的著名观点。孟子的主要学说大多收录在《孟子》这本书中。从南宋开始，这本书取得了儒家经典的地位，与《中庸（yōng）》《论语》《大学》合称为"四书"。

孟子画像

---

① 只阐述他人的学说而不加自己的创见。

2. 道家

道家在中国是影响力仅次于儒家的思想学派。老子姓李名耳，字聃（dān），春秋晚期楚国苦县（今河南鹿邑）人，道家学派的创始人，和孔子大致是同时代的人。老子的《道德经》是一部主要反映老子哲学思想的著作。老子在这本书的第一章就提出了"道"的概念。《道德经》第四十二章中说"道生一，一生二，二生三，三生万物"，这里的"道"不仅仅局限于先秦时期常用的、存在于某种事物之内的规则这个概念，而是形而上层面的。他认为"道"是在天和地之前产生的，是天地万物之母，是世界的本体。老子的政治观点是主张统治者"无为而治"，也就是要求统治者清净寡欲，不要过分搅扰百姓。

老子画像

道家在战国时期的代表人物是庄子。庄子名周，宋国人，著有《庄子》一书。庄子把老子的思想进行了发挥，他善于用生动的哲理寓言(31)来阐述他的哲学思想，他认为"道"是世界万物之源，从"道"派生(32)出天地、帝王、一切事物以及真伪是非。

道家与儒家在政治上的主张不同。儒家主张"入世"①；道家主张"出世"②，反对社会进步，比较消极，但是其中有些观点具有朴素的辩证法(33)思想。

---

① 投身到社会。
② 超越世人，摆脱世事的束缚。

3. 法家

法家是战国时期其学说在政治领域运用最为成功的一个学派。战国时期涌现了一大批法家人物,商鞅也属于法家的一个流派。韩非子是韩国的公子,也是法家的代表人物,著有《韩非子》一书。在韩非子之前有不同的法家派别,他们倾向于不同的治国方法:重"法"的派别强调国家要制定法律,并且要赏罚分明地执行法律;重"术"的派别讲究君主对官吏的选拔、监督、赏罚及驾驭[34]的手段和方法;重"势"的派别讲究的是国君要运用其所拥有的权势和地位。韩非子认为这三种方法各有优点和缺点,要综合起来使用,互相取长补短。韩非子还主张要加强君主专制的权力,建立中央集权的统一国家,他主张用严厉的刑法来加强君主的统治。秦王嬴政对他的学说非常赏识[35]。韩非子从韩国到了秦国,秦的大臣李斯非常嫉妒韩非子的才能,把他谋害致死,但他的学说主张被秦国采用,成了秦国的官学。秦始皇统一六国以后所推行的专制主义和暴政,与韩非子的主张有很大关系。

4. 墨家

墨子名翟(dí),鲁国人,是墨家学说的创始人。墨子生活在战国初期,他出身贫贱[36],生活非常简朴,曾经做过宋国的大夫。墨翟最开始是跟着孔子的弟子学习儒家思想,后来放弃了儒家的基本主张,自己创立了墨家学派,著有《墨子》一书。在墨子所处的年代,诸侯国之间战争非常频繁,老百姓遭受了很多战乱之苦。因此,墨子非常反对战争。他提出了十大主张,其中最有代表性的是"兼爱"和"非攻"。他认为社会动乱、战乱连连的主要原因就是人们之间不能互爱互利,"兼爱"要求人们像爱护自己一样互相友爱。墨子认为,战争杀害人民,损害财物,破坏生产,是天下的大害,因此他主张"非攻",反对战争。在他提出的十大主张中,"尚贤"和"尚同"是最主要的政治主张。"尚贤"指的是国家用人应该不管贫富、贵贱、远近、亲疏,只要是有才能的人,都应该加以重用,并且给他一定的官职。"尚同"主张推选天下最为贤能的人为天子,然后依次选举诸侯、卿、宰、乡长等官职,因此上到天子,下到诸侯百官,最终使得天下老百姓都"尚同于天子",整个国家社会都同于贤者,天下因此能够得到很好的治理。

5. 兵家

春秋战国期间，由于各个诸侯国之间经常发生战争，国家和民间都很重视兵事，因此出现了懂得兵法的兵家。孙武和孙膑（bìn）是其中的代表人物。孙武，春秋后期齐国人。他所写的兵书十三篇受到了吴王阖闾的赏识，因此他被吴王任命为将军，率兵攻打楚国，使楚国大败并且被迫迁都。吴国因此成为长江中下游最强大的国家，成为春秋五霸之一。孙武的著作《孙子兵法》是世界上第一部兵书。

孙膑，战国中期人，是孙武的后代，著有《孙膑兵法》。他曾经与庞涓是同学，后来庞涓成为魏国的将军。庞涓嫉妒孙膑的才能，挖去了他两条腿的膝盖骨。孙膑逃到了齐国，成为齐国的将军，并率军大败魏国，之后庞涓自杀。

孙膑画像

此外，西周至战国时期，文学和科学技术领域也出现了以前从来没有过的繁荣。文学方面，前期有《诗经》，后期有屈原（Qū Yuán）的《楚辞》。天文、历法、医学等领域也取得了很多成就。

▶ 生词表

（1）转型（zhuǎn xíng）：社会经济结构、文化形态、价值观念等发生转变。

(2) 变革（biàn gé）：指改变事物的本质（多就社会制度而言）。

(3) 百家争鸣（bǎi jiā zhēng míng）：春秋战国时代，社会处于大变革时期，产生了各种思想流派，如儒、法、道、墨等，他们著书立说，互相论战，形成了学术上的繁荣景象和论争风气，后世称为百家争鸣。

(4) 百花齐放（bǎi huā qí fàng）：比喻各种不同形式和风格的艺术作品自由发展。

(5) 学派（xué pài）：同一学科中由于学说、观点不同而形成的派别。

(6) 听命（tīng mìng）：听从命令。

(7) 威信（wēi xìn）：威望和信誉。

(8) 会盟（huì méng）：古代诸侯间会面和结盟的仪式。

(9) 公子（gōng zǐ）：古代称诸侯的儿子，后称官僚的儿子，也用来尊称别人的儿子。

(10) 盟主（méng zhǔ）：古代诸侯结盟集会时的主持者。后用来称一些集体活动的首领或倡导者。

(11) 谋士（móu shì）：出谋献计的人。

(12) 灾荒（zāi huāng）：因灾害造成的粮食歉收、土地荒芜、物品严重缺乏等状况。

(13) 谋求（móu qiú）：设法寻求。

(14) 出土（chū tǔ）：（古器物等）被从地下发掘出来。

(15) 弟子（dì zǐ）：学生；徒弟。

(16) 退隐（tuì yǐn）：指官吏退职隐居。

(17) 铸币（zhù bì）：金属铸成的货币。

(18) 名存实亡（míng cún shí wáng）：名义上还有，实际上已经不存在。

(19) 瓜分（guā fēn）：像切瓜一样地分割或分配。

(20) 袭击（xí jī）：军事上指出其不意地打击。

(21) 扩张（kuò zhāng）：扩大（势力、疆土等）。

(22) 压制（yā zhì）：竭力限制或制止。

(23) 背弃（bèi qì）：违背并抛弃。

(24) 拉拢（lā lǒng）：为对自己有利，用手段使别人靠拢到自己方面来。

(25) 掌权（zhǎng quán）：掌握权力。

(26) 伦理（lún lǐ）：人与人相处的各种道德准则。

(27) 维系（wéi xì）：维持并联系，使不涣散。

(28) 垄断（lǒng duàn）：原指站在市集的高地上操纵贸易，后泛指把持和独占。

(29) 私学（sī xué）：私人创办的学校。

(30) 社稷（shè jì）："社"指土神，"稷"指谷神，古代君主都祭社稷，后来用"社稷"代表国家。

(31) 寓言（yù yán）：用假托的故事或自然物的拟人手法来说明某个道理或教训的文学作品，常带有讽刺或劝诫的性质。

(32) 派生（pài shēng）：从一个主要事物的发展中分化出来。

(33) 辩证法（biàn zhèng fǎ）：关于事物矛盾的运动、发展、变化的一般规律的哲学学说。它是和形而上学相对立的世界观和方法论，认为事物处在不断运动、变化和发展之中，是由于事物内部的矛盾斗争所引起的。

(34) 驾驭（jià yù）：使服从自己的意志而行动。

(35) 赏识（shǎng shí）：认识到别人的才能或作品的价值而予以重视或赞扬（多用于上对下）。

(36) 贫贱（pín jiàn）：指贫穷而社会地位低下。

思考题

1. 春秋战国时期的诸侯为了争霸长期混战，请你谈一谈这种混战带来的正、反两方面的影响。
2. 你认为春秋战国时期出现百花齐放、百家争鸣的原因是什么？
3. 你还知道孔子的哪些名言？谈谈你对它们的理解。

第七课　秦　朝

秦王嬴政统一中国后，建立了大一统⁽¹⁾的王朝——秦朝（公元前221年—前206年），都城在咸阳。秦朝虽然只存在了短短15年，但它的历史地位非常重要。秦始皇建立的中央集权制，成为中国历代王朝的基本政治体制。此外，秦统一文字、度量衡⁽²⁾，修筑长城等举措，都对后世产生了重大影响。

一、秦统一全国后的行政区域管理

秦朝建立以后，秦始皇立刻废除延续了八百多年的封建领主制，建立了一套专制主义中央集权制度。这一制度从中央到地方由三部分组成：至高无上⁽³⁾的皇权、完备的官僚机构和郡⁽⁴⁾县制。

夏、商、周三个朝代以及春秋战国时代各个诸侯国的最高统治者，都称作"王"。秦王嬴政统一全国后，把古代"三皇"的"皇"和"五帝"的"帝"结合起来，称"皇帝"，自称"始皇帝"。从这时候开始，"皇帝"就成为封建国家最高统治者独有的尊号⁽⁵⁾。在封建社会中央集权这个政治体制中，皇帝决定、制约⁽⁶⁾和主宰⁽⁷⁾一切。皇帝拥有至高无上的权力，从中央到地方的主要官吏都由皇帝来任免⁽⁸⁾，也都按照皇帝的命令办事。军权也集中在皇帝手中，凡是要调动50名以上的士兵，必须持⁽⁹⁾有皇帝的虎符。

秦王朝在皇帝之下还设立了中央机构，用来协助皇帝治理国家，处理各种国家日常事务。这个机构采用三公九卿制。三公指的是丞相、太尉（tài wèi）、御史（yù shǐ）大夫。其中，丞相为最高行政长官，三公分别负责协助皇帝处理全国政务、全国军务和监察[10]。三公的下面又有列卿，分管法律、财政[11]、税收等各方面事务。大事先汇总到丞相那里，然后由皇帝裁决[12]。三公九卿都由皇帝任免，不世袭。

战国时期，各个诸侯国已经普遍设立了郡、县。秦朝建立以后，为了加强中央集权制，在地方行政制度方面彻底废除了封侯制，在全国范围内推行郡县制，一开始设立了36个郡，后来增加到40多个郡。

郡下设县，县下设乡，乡下设亭，亭以下还有里。每一级行政机构都设有专门的官职负责各方面的事务。老百姓也按照五家为一伍，十家为一什（shí）进行编户，互相监督，实行连坐[13]。在这种制度下，全国上下形成了一个严密的统治网络，皇帝处在权力的中心，是绝对的最高统治者。

这一制度是与当时的社会政治、经济发展的要求相适应的。此后，中国两千多年的封建社会一直沿用这一制度。

二、大一统措施

秦始皇统一全国后，采取了一系列经济、文化措施来加强大一统国家的统治，稳定了新的政权，促进了经济、文化的发展。

战国时期，各个诸侯国的货币形状、重量、计算单位都不一样，使用起来非常不方便。公元前221年，秦始皇下令废除六国的货币和度量衡制度，制定了统一的货币，并以原来商鞅变法后在秦国推行的度量衡作为基础，在全国推行了统一的度量衡制度。

中国的文字产生得很早，在商朝和西周时期得到了很大的发展。到了春秋战国时期，各诸侯国独立发展，导致各国的"文字异形"，即同样一个字，虽然结构大致一样，但文字的部件[14]和字体繁简有差别，使得同一个字有多种写法，这种情况严重影响了各地区之间的经济、文化交流。因此，公元前221年，秦始皇让李斯进行文字改革，以原来秦国的文字为基础，参照[15]六国的文字，在全国推行统一的、规范的文字。统一后的文字——小篆（zhuàn），字形部件固定，笔画简省，书写方便。

秦始皇还在全国统一车轨，规定两个车轮之间的距离要宽六尺，史称"车同轨"。这一措施促进了秦朝交通运输业的发展。

三、秦朝的灭亡

秦始皇即位之初，就开始在骊山修建自己的陵墓。他下令征调了70万工匠施工，直到秦朝灭亡还没有全部完工。他还下令在陵园[16]附近模拟秦朝军队，修建了兵马俑军阵。秦始皇灭六国后就开始大兴土木，前后修建了700多座宫殿。为了抵御北部匈奴的侵犯，秦朝把以前秦国、赵国、燕国的长城进行了维修和增补，并把它们连接了起来。修建之后的长城西部从临洮[Líntáo，今甘肃岷（Mín）县]开始，向东到鸭绿江，绵延一万多里。这就是"万里长城"名称的由来。此外，秦王朝还修建了许多驰道[17]。为了建造这些工程，秦朝征用[18]了大量的人力，导致大量劳动力脱离生产，田地荒废[19]。为了保障军队和各种工程建设的需要，秦朝向老百姓征收很高的赋税[20]，最高达到农民全年收入的三分之二。人民徭役频繁，赋税沉重，苦不堪言[21]。

此外，为了巩固统治，秦朝制定了严苛的法律和残酷的刑罚，仅死刑就达到十多种，还实行连坐制，即一个人犯罪亲戚、邻居都要受牵连[22]。公元前213年，为了维护中央集权统治，秦始皇采纳了李斯的建议，下令保留医药、卜筮[23]、农业方面的书籍，焚烧[24]《诗》《书》。第二年，秦始皇还处死了四百六十多名诽谤[25]他的方士[26]和儒生[27]。这就是历史上著名的"焚书坑儒"。

秦朝的残暴统治，引起了老百姓的普遍不满。很多农民无法生活下去，就逃到山林里，成为盗贼，进行反抗斗争。秦始皇于公元前210年死于巡游[28]途中，他的儿子胡亥（Húhài）继位，为秦二世。秦二世元年（公元前209年），陈胜、吴广在蕲（Qí）县（今安徽宿州）大泽乡发动农民起义。起义最终失败了，但全国各地的反秦浪潮并没有平息。楚国有个名叫项梁的贵族，和侄子[29]项羽也带领了一支起义军，他们在巨鹿（今河北平乡西南）大败秦军。刘邦是另一支起义军的首领，后来归属项梁的军队。秦军围攻巨鹿时，项羽和刘邦曾经约定，谁先灭掉秦，谁就是"关中王"。此时，秦朝统治集团发生内乱，秦二世被迫自杀，他的侄子子婴被立为秦王。公元前207年，刘邦率大军到了霸上（今陕西西安东），子婴投降[30]。

生词表

（1）大一统（dà yī tǒng）：广义上的统一，即不仅仅指地域上的统一，还涵盖了国家政治上的整齐划一，经济制度和思想文化上的高度集中。

（2）度量衡（dù liàng héng）：计量长短、容积、轻重的标准的统称。度是计量长短，量是计量容积，衡是计量轻重。

（3）至高无上（zhì gāo wú shàng）：最高；没有更高的。

（4）郡（jùn）：古代的行政区划，比县小，秦汉以后，郡比县大。

（5）尊号（zūn hào）：古代尊崇皇帝、皇后的称号。

（6）制约（zhì yuē）：甲事物本身的存在和变化以乙事物的存在和变化为条件，则甲事物为乙事物所制约。

（7）主宰（zhǔ zǎi）：支配；统治；掌握。

（8）任免（rèn miǎn）：任命和免职。

（9）持（chí）：拿着；握着。

（10）监察（jiān chá）：监督各级国家机关和机关工作人员的工作并检举违法失职的机关或工作人员。

（11）财政（cái zhèng）：政府部门对资财的收入与支出的管理活动。

（12）裁决（cái jué）：有关机构或人士经研究对有争议的问题做出处理决定。

（13）连坐（lián zuò）：旧时一个人犯法，他的家属、亲族、邻居等连带受处罚。

（14）部件（bù jiàn）：汉字的组成部分，由若干笔画构成。

（15）参照（cān zhào）：参考并仿照（方法、经验等）。

（16）陵园（líng yuán）：以陵墓为主的园林。

（17）驰道（chí dào）：秦始皇时修筑的一种古代高等道路。

（18）征用（zhēng yòng）：政府依法使用个人或集体的土地、房产等。

（19）荒废（huāng fèi）：该种而没有耕种。

（20）赋税（fù shuì）：田赋和各种捐税的总称。

（21）苦不堪言（kǔ bù kān yán）：指痛苦或困苦到了极点，已经不能用言语来表达。

（22）牵连（qiān lián）：因某个人或某件事产生的影响而使别人或别的事不利。

（23）卜筮（bǔ shì）：古代用龟甲、兽骨占卜叫卜，用蓍草占卜叫筮，合称卜筮。

（24）焚烧（fén shāo）：烧毁；烧掉。

（25）诽谤（fěi bàng）：无中生有，说人坏话，毁人名誉；诬蔑。

（26）方士（fāng shì）：古代称从事求仙、炼丹等活动的人。

（27）儒生（rú shēng）：原指遵从儒家学说的读书人，后来泛指读书人。

（28）巡游（xún yóu）：出外游玩；游逛；巡行（察看）。

（29）侄子（zhí zi）：弟兄或其他同辈男性亲属的儿子。

（30）投降（tóu xiáng）：停止对抗，向对方屈服。

▶ 思考题

1. 秦始皇在哪些方面采取了大一统的措施？
2. 很多人说秦始皇是一个暴君，秦朝的灭亡也是因为他实行暴政。你认为他实行了哪些暴政？
3. 你对秦始皇怎么评价？

第八课　汉　　朝

汉朝分为西汉和东汉两个阶段，是继秦朝之后中国又一个大一统时期。这一时期是中国封建政治、经济制度开创并发展的时期，文化、科技也有了迅速的发展。

一、西汉

刘邦打败项羽后，建立了汉朝，都城建在长安（今陕西西安）。汉朝分两个阶段，西汉（公元前206年—公元25年）和东汉（公元25年—220年）。汉朝是中国历史上第一个由平民[1]建立的王朝。

1. 楚汉之争

刘邦，沛（Pèi）县人，原来是秦朝的一个亭长。陈胜吴广起义后，他和萧何（Xiāo Hé）杀掉了沛县的县令[2]。之后，刘邦自称沛公，发动了起义，后来归属项梁的军队。秦军把原来各诸侯国组成的军队围在巨鹿。楚怀王与项羽、刘邦约定，谁先入关灭掉秦，谁就是关中王。楚怀王派项羽到巨鹿帮助诸侯的军队，派刘邦向西攻秦。项羽破釜沉舟[3]大败秦军，听说刘邦已先入关且要做关中王后，非常生气，也率军进入咸阳。项羽杀死了秦王子婴，烧毁了秦朝的宫殿，自称西楚霸王，都城在彭城（今江苏徐州）。刘邦也被封为汉王，迁入巴蜀，都城在南郑（今陕西汉中）。公元前206年，中原发生混战，项羽也卷入混战之中。刘邦趁着这个机会从汉中出兵北上，很快占领了关中，然后又向东和项羽展开争夺天下的斗争，史称"楚汉战争"。公元前202年，刘邦会同各路诸侯，率领40万军队，把项羽的楚军围在垓下（Gāixià），并将其一举击溃。项羽逃到乌江（今安徽和县东北）自杀了。同年2月，刘邦建立汉朝，史称西汉，刘邦就是汉高祖。

汉高祖刘邦画像

2. 七国之乱和文景之治

刘邦在楚汉战争中为了笼络[4]韩信、彭越等人共同打败项羽，先后分封了七个诸侯王，历史上将其称作异姓诸侯王。西汉政权建立后，这些诸侯王的存在对中央政权构成了严重威胁，刘邦采取措施逐一消灭了他们，又在其封地上分封自己的儿子或者侄子为王，这些被称为同姓诸侯王，一共九个。公元前195年，汉高祖病死了。他的儿子文帝在位时，诸侯割据倾向越来越明显，形成了地方强、中央弱的局面。汉景帝三年（公元前154年），吴王刘濞（Liú Bì）发动"七国之乱"。汉景帝平定了"七国之乱"后，大大消减了诸侯王的权力，中央集权得到了巩固。

经过了秦末农民起义和长达四年的楚汉战争，西汉初期的社会经济非常脆弱[5]。国库[6]里没有什么钱，财政极其困难，老百姓更是缺衣少食，生活非常艰难。汉高祖和协助建立西汉的文臣武将[7]都是平民出身，能够深切体会社会底层百姓的苦难，对秦朝快速灭亡的教训也进行过认真反思。汉高祖为了稳定社会秩序、恢复生产、改善老百姓生活，采取了一系列轻徭薄赋、慎刑的政策。西汉的经济逐步恢复，社会也逐渐稳定下来。

文帝和景帝在位期间继续推行"无为而治""与民休息"的政策。他们重视农业生产，减轻农民赋税和徭役负担，鼓励商业和手工业发展，减轻刑罚，提倡节俭，等等。西汉的社会经济逐渐恢复，并有了一定的发展，人民生活更加安定、富庶[8]，国家物资丰厚，政权得以巩固。历史上把这段时期称为"文景之治"。

3. 汉武帝

汉武帝刘彻（Liú Chè）（公元前140年—前87年在位），是汉景帝的儿子。他16岁即位，在位54年，是一位雄才大略[9]的皇帝。为了巩固和发展大一统的民族国家，他采取了一系列巩固国家政权、改善老百姓生活的举措。

为了加强中央集权的统治，推行"推恩令"和"附益法"，继续减弱诸侯王的权力；为了提高皇帝的权威[10]，建立了"中朝"（宫内决策[11]机构），而以丞相为首的政府机关称为"外朝"（执行机构）；把全国分为十三个州部，每个州部设置一名刺史，代表中央履行[12]监察的职责；组建侍从军和禁卫军作为中央常备兵，改变了汉朝初期军队分散在全国而都城内外没有重兵的状况；下令废除以前的货币，将五铢（zhū）钱作为法定[13]货币，在全国通行，严禁各郡、国官府和私人仿造[14]；禁止盐和铁的自由经营，把盐铁的专卖[15]权收归国有；实行均输法和平准法两个政策，由国家统一征购运输货物和调整物价。

汉武帝在位的半个多世纪里，通过这些举措，汉朝的政治、经济、军事都达到了从未有过的高度。汉武帝大兴水利使得农业快速发展，冶铁业、纺织业、漆器业等手工业也达到了较高的水平。

4. 丝绸之路

楚汉战争的时候，北方的匈奴逐渐强大起来。汉朝建立后，匈奴经常南下侵扰。汉高祖和文景时期，汉朝采取和亲[16]政策，但匈奴还是时常侵犯汉朝边境。公元前139年，汉武帝派张骞（qiān）带领一百多人向西域①进

---

① 西汉时期，西域指的是玉门关、阳关以西的新疆直到中亚及更远的地方。

彩漆凤形勺（来源：湖北省博物馆）

发，希望联合西域的国家大月氏（Dàyuèzhī）一起夹击匈奴。张骞在路上被匈奴人扣留。十多年后，张骞寻找机会逃了出来，于公元前126年返回长安。虽然张骞没能实现联合大月氏的目的，但他获得了大量西域资料，也扩大了汉朝的影响。公元前119年，张骞又奉命出使西域的乌孙，并和西域各国建立了稳定的联系，于公元前115年返回长安。张骞两次出使，加强了中原与西域的联系。

此后，中亚、西亚各国与汉朝开始了贸易和文化的往来与交流。汉朝为了发展和这些国家的贸易往来，花费了巨大的人力和财力修筑道路，设置驿站[17]，形成了沟通汉朝和中亚、西亚一南一北两条商路。中国的丝绸、铁器、漆器，养蚕、铸铁技术等传到西方，西方的香料、良马、葡萄、核桃等也输入中国。因为运往西方的货物主要是丝绸，所以，后来人们把这条商路称为"丝绸之路"。

5. 王莽改制

西汉经历了"文景之治"和汉武帝时期的辉煌[18]以后，逐渐出现衰落的趋势。当时，社会政治非常黑暗，社会矛盾日益突出，土地兼并十分严重，大量农民破产[19]、流亡或成为奴婢[20]，农民的反抗斗争此起彼伏[21]，西汉的统治已经处在非常危险的境地。

王莽（公元前45—公元23）是汉元帝皇后的侄子。他早年生活节俭、勤奋博学[22]，因此在贵族、官僚中有较好的声誉。在汉成帝和汉平帝在位期间，他曾两次出任大司马。汉平帝去世后，王莽拥立两岁的刘婴为太子，自称"摄（shè）皇帝"。公元8年，王莽夺取了皇位，改国号为新。

王莽即位后,为了解决社会上的各种问题,进行了一场托古改制运动。他下令恢复西周的井田制,这是历史的倒退[23],注定会失败。他多次改变币制,乱改国家和地方的机构、官名、地名、少数民族名称等,引发了社会各种混乱,破坏了民族之间的和谐相处,最终引发了绿林军、赤眉军等农民起义,政权被推翻。

二、东汉

东汉王朝(公元25年—220年)是当时居住在南阳(今湖北枣阳西南)的西汉皇族[24]刘秀在推翻王莽政权后建立的王朝,都城定在洛阳(今河南洛阳),历史上称为东汉,共有十四位皇帝。东汉出现了"光武中兴"的繁盛时期,经济、科学技术都取得了一定的发展。

1. 光武中兴

刘秀,南阳郡蔡阳县人,汉高祖的第八代子孙。实际上到他的父亲刘钦(Liú Qīn)的时候,家中已经衰败[25]了。西汉末年王莽篡权后,各地都爆发了农民起义,刘秀率领的起义军也是其中一支。在推翻王莽政权后,各路起义军又展开混战,刘秀取得了最终胜利,建立了东汉,为汉光武帝。

汉光武帝刘秀画像

第八课 汉 朝

东汉政权建立后，光武帝面对的是一个问题重重的国家和社会。他首先废除了王莽制定的所有制度和政策，并采取一系列措施加强中央集权、恢复社会生产，创造了"光武中兴"的成就。

光武帝的措施可以简单概括为简政、进贤和集权。所谓简政，就是废除王莽时期名目繁多[26]的法令，恢复西汉初期宽松的刑法。简政的另一措施是减少政府机构和官员，减少十分之一的郡国、四分之一的县级区划和十分之九的官员。这两项举措使得社会逐渐安定下来，政府开支和社会负担也减少了。进贤就是完善人才选拔制度。东汉建国时有很多有功的大臣，但这些人不懂得治理国家，而且不听命令，不遵守法律。光武帝给了他们很高的地位，但并不给他们实权。光武帝还恢复了汉朝初期的贤良方正制度，并发展了征辟[27]制度，选拔知识广博、熟悉法律、德才兼备[28]的人为官。所谓集权，就是进一步强化中央集权的统治。他继承和发展了汉武帝中央集权的政策，削弱三公的权力，把三公的职责交给原来替皇帝管理文书[29]的尚书台[30]，由尚书台负责政府日常事务的处理，直接对皇帝负责。此外，他还恢复并加强了西汉设置过的监察机构，并加强中央的军权，削弱地方的军权。

光武帝十分重视教育。他恢复汉武帝时期的五经博士[31]，设立十四博士，分别教授学生；在洛阳多处建图书馆，并在此基础上设太学。此外，他还下令解放奴婢，并致力于解决土地问题。

经过一系列措施，东汉初期的社会秩序、社会生产和社会经济得到了快速恢复。这段时间被称为"光武中兴"。铁农具的改进和广泛使用、牛耕的普及以及政府对水利兴修[32]的重视，使得东汉农业有了较大发展。东汉时期重要的手工业，如煮盐、漆器、纺织、冶铁等也比西汉有了较大进步。农业、手工业的发展，使得东汉的商业和城市也有了一定程度的发展，由此也促进了交通事业的发展，东汉和海外的往来更加密切了。

2. 科学家张衡

张衡（Zhāng Héng，公元78—139），东汉南阳郡西鄂（è）（今河南南阳）人，中国古代著名的科学家、文学家。张衡是东汉安帝时期的太史令，负责天文历法，是汉朝"浑天说"的代表人物，著有《灵宪》一书。"浑天说"认为，整个天体像一个鸡蛋，地就像蛋黄，被天包裹[33]着。张衡在《灵宪》里解释了天体起源和天体演化的一些问题。他在前人创造的浑天仪的基础上，设计了一种用水作动力的浑天仪，上面标有黄道[34]、赤道[35]、南北极，每天有规律地回转一圈。

东汉经常发生地震，因此张衡还发明了地动仪，用来测定地震的方位。地动仪的样子像一个酒桶，在八个方向各安装了一个龙头，龙嘴巴里含有一颗铜丸，哪个方向发生地震，那个方向龙头里的铜丸就会掉出来。138年，地动仪曾经准确测出了发生在甘肃的地震。

3. 造纸术

西汉前期出现了一种用植物纤维[36]做成的纸，但是比较粗糙[37]，不适合书写。西汉中后期出现了一种丝质纸，又薄又小，但由于价格很贵，而且产量很少，所以只在宫廷里使用。东汉和帝时期，宦官蔡伦改进了造纸的方法，他用树皮、麻头、破布、渔网等材料，造出了质量较好而且价格便宜的纸，被称为"蔡侯纸"。这种造纸法使得纸的大量生产成为可能。后来经过两百多年的发展和改进，到了晋朝，纸更便宜，更适合书写。我国的造纸术在公元三四世纪传入朝鲜半岛和日本，唐朝中期传到中亚，后来经过阿拉伯地区传到北非和欧洲。造纸术为人类科学文化的传播和发展起了重大作用，也成为中国四大发明之一。

4. "医圣"张仲景与"外科鼻祖[38]"华佗

秦汉时期，中国传统医学的体系[39]逐渐建立起来。两汉时期，官府设有医官，民间也有很多医师。东汉最有名的医学家有张仲景和华佗。

张仲景，东汉末医学家，名机，南阳人。东汉末年，南阳流行伤寒[40]，很多人都病死了。张仲景研究了《黄帝内经》《阴阳大论》等古代医书，结合自己治病的经验，写成了《伤寒杂病论》。后来，这本书分成了《伤寒论》和《金匮（guì）要略》两本。书中总结了中医怎么看病、怎么治疗的经验，是中医的经典著作，张仲景也因此被称为"医圣"。

华佗，沛国谯（Qiáo）[今安徽亳（Bó）州]人，是中国著名的医学家和杰出的外科医生。他善于用针灸和汤药给人治病。对于用针灸、汤药没有办法治疗的外科疾病，华佗就采用手术进行治疗。华佗在病人手术前用麻沸散对其进行麻醉，然后进行手术，这个技术在当时世界上是最先进的。此外，华佗还模仿虎、鹿、熊、猿和鸟的动作姿态，创作了"五禽戏"，作为平时养生、预防疾病的锻炼方法。

东汉时期的《神农本草经》是我国现存最早的一部药物学著作。书中共记录药物365种，其中植物药252种，动物药67种，矿物药46种。书中详细记录了每种药的产地、性能、主治等，还根据它们的性能和使用目的，把药物分成了上、中、下三等。这是我国最早的药物学分类法。

生词表

（1）平民（píng mín）：泛指普通的人（区别于贵族或特权阶级）。

（2）县令（xiàn lìng）：古代的一县之长。

（3）破釜沉舟（pò fǔ chén zhōu）：项羽跟秦兵打仗，过河后把锅都打破，船都弄沉，表示不再回来。比喻下决心，不顾一切干到底。

（4）笼络（lǒng luò）：用手段拉拢。

（5）脆弱（cuì ruò）：禁不起挫折；不坚强。

（6）国库（guó kù）：金库的通称。

（7）文臣武将（wén chén wǔ jiàng）：指有谋略的大臣和勇猛的战将。

（8）富庶（fù shù）：物产丰富，人口众多。

（9）雄才大略（xióng cái dà lüè）：杰出的才智和宏大的谋略。

（10）权威（quán wēi）：使人信服的力量和威望。

（11）决策（jué cè）：决定的策略或办法。

（12）履行（lǚ xíng）：实践（自己答应做的或应该做的事）。

（13）法定（fǎ dìng）：由法律、法令所规定的。

（14）仿造（fǎng zào）：模仿一定的式样制造。

（15）专卖（zhuān mài）：国家指定的专营机构经营某些物品，其他部门非经专营机构许可，不得生产和运销。

（16）和亲（hé qīn）：指汉族封建王朝与少数民族统治集团之间，以及各少数民族统治集团之间，通过结亲建立友好关系。

（17）驿站（yì zhàn）：古代供传递政府文书的人及往来官员中途更换

马匹或休息、住宿的地方。

（18）辉煌（huī huáng）：（成绩等）显著；卓著。

（19）破产（pò chǎn）：丧失全部财产。

（20）奴婢（nú bì）：男女奴仆，太监对皇帝、后妃等也自称奴婢。

（21）此起彼伏（cǐ qǐ bǐ fú）：这里起来，那里落下，形容连续不断。

（22）博学（bó xué）：知识广博精深。

（23）倒退（dào tuì）：往后退；退回（后面的地方、过去的年代、以往的发展阶段）。

（24）皇族（huáng zú）：皇帝的家族。

（25）衰败（shuāi bài）：衰落。

（26）名目繁多（míng mù fán duō）：事物的花样或名称非常多。

（27）征辟（zhēng bì）：中国汉代擢用人才的一种制度。皇帝征召称"征"，官府征召称"辟"。

（28）德才兼备（dé cái jiān bèi）：具备优秀的品德和较高的才能。

（29）文书（wén shū）：指公文、书信、契约等。

（30）尚书台（shàng shū tái）：东汉时期尚书的办事机构称尚书台，掌握臣下奏章，参与国家要事。其正职称尚书令，副职称尚书仆射。

（31）博士（bó shì）：古代教授经学的一种官职，一般由博学或具有某种专门知识的人充任。

（32）兴修（xīng xiū）：开始修建（多指规模较大的）。

（33）包裹（bāo guǒ）：包；包扎。

（34）黄道（huáng dào）：地球一年绕太阳转一周，我们从地球上看成太阳一年在天空中移动一圈，太阳这样移动的路线叫作黄道。它是天球上假设的一个大圆圈，即地球轨道在天球上的投影。

（35）赤道（chì dào）：环绕地球表面与南北两极距离相等的圆周线。它把地球分为南北两半球，是划分纬度的基线。

（36）纤维（xiān wéi）：天然的或人工合成的细丝状物质或结构。

（37）粗糙（cū cāo）：（质地）不精细；不光滑。

（38）鼻祖（bí zǔ）：始祖，泛指创始人。

（39）体系（tǐ xì）：若干有关事物或某些意识互相联系而构成的一个

整体。

（40）伤寒（shāng hán）：中医指外感发热的病，特指发热、恶寒无汗、头痛项僵的病。

思考题

1. 你认为在秦朝短暂的统治之后，汉朝为什么能在政治、经济、文化等各方面取得比较大的发展？
2. 汉朝经历了几次比较繁荣的时期？形成这些繁荣时期的共同原因是什么？
3. 丝绸之路的开拓有什么样的历史意义？

第九课　三国两晋南北朝

三国两晋南北朝是秦统一之后中国历史上第一次长期分裂割据的时期，在大约4个世纪的时间里，先后存在过几十个政权。东汉末年的黄巾起义失败后，189年，董卓（Dǒng Zhuó）率兵进入洛阳，控制了东汉政权，东汉名存实亡。之后，十几个军事集团经过二十多年的战争，最终形成了魏、蜀、吴三国鼎立的局面。最后魏灭蜀，建立了西晋。280年西晋灭吴，统一了全国。西晋只存在52年就灭亡了。天下又陷入战争之中，长期处于分裂状态，形成南朝和北朝对峙[1]的局面。在这期间，北方各割据势力之间、民族之间经常发生战争，先后出现过大约20个政权，其中大多是少数民族建立的政权，历史上叫作"十六国"。北魏统一北方后，北朝（386年—581年）开始了。南方的东晋（317年—420年）相对稳定，经济文化都得到了一定程度的发展。420年，东晋被宋取代，之后是齐、梁、陈，史称南朝（420年—589年）。

一、三分天下

189年，董卓控制东汉政权后，十几个军事集团割据混战，曹操、孙权和刘备逐渐成为势力最为强大的三个军事集团领导人。207年，曹操消灭其他军事集团，统一北方。208年赤壁之战后，三国鼎立的局面基本形成。220年，曹操去世。同年，曹操的儿子曹丕自立为帝，把国号改为魏（220年—

265年),都城建在洛阳。曹魏共经历了5位皇帝。221年,刘备在蜀称帝,国号汉(221年—263年),都城建在成都,共经历2位皇帝。222年,孙权称吴王,229年称帝,国号吴(222年—280年),都城建在建业(今江苏南京),共经历4位皇帝。

1. 官渡之战与曹操统一北方

从东汉中期开始,外戚和宦官两大集团交替着控制东汉政权。东汉政权极其腐败,加上东汉末年连续几年都发生自然灾害,老百姓无法生存,终于在184年爆发了由张角领导的黄巾起义。黄巾起义军受到了东汉政府军队和地方豪强[2]军队的双重镇压,最终失败了,但它基本摧毁[3]了东汉王朝的黑暗统治。

在镇压黄巾起义的过程中,各地豪强纷纷组织武装力量,占据自己的地盘,形成大大小小的割据势力。其中,实力比较强的有十几个,如袁绍、曹操、刘表、孙策等。189年,汉灵帝去世,少帝即位,宦官和外戚展开权力争夺。当时的并州牧董卓,乘乱率领自己的军队进入洛阳,废掉少帝,将九岁的刘协立为皇帝,即汉献帝。董卓自任相国,把政权控制在自己手里。这引起了其他割据势力的不满,大家联合起来,推选袁绍为盟主,共同讨伐董卓。经过几年的战争,消灭了以董卓为首的割据势力。

曹操(155—220),字孟德,沛国谯人,中国古代军事家、政治家。曹操20岁的时候,曾经担任洛阳北部尉,后来参加黄巾起义,逐渐成为一方割据势力。黄巾起义失败后,曹操把起义军的三十万军队编入自己的军队,因此军事实力大增,成为北方唯一能够与袁绍相抗衡[4]的势力。196年,汉献帝逃难,曹操把他迎到许(今河南许昌),想利用皇帝的名义控制袁绍。200年,曹操和袁绍在官渡(今河南中牟)大战,袁绍大败,这就是官渡之战,一次以弱胜强的著名战役,对曹操统一北方起到了决定性的作用。官渡之战后,袁绍病死,曹操消灭了袁绍的残余势力。在随后的几年中,曹操消灭了北方其他割据势力,于207年统一了北方。

2. 赤壁之战与三国鼎立

诸葛亮(181—234),字孔明,琅邪(Lángyá)阳都(今山东沂南)

人，是一位非常有才能的军事家、政治家。东汉末年，为了躲避战乱，他隐居在湖北襄阳（Xiāngyáng）隆中从事农业生产，不想在乱世做官。206年冬—207年春，当时依附⁽⁵⁾于刘表、屯兵在新野（今河南新野）的刘备，三次到隆中请诸葛亮出来帮助他成就⁽⁶⁾帝业，这就是著名的"三顾茅庐（máolú）"。诸葛亮虽然身在茅庐，却对当时天下的政治形势非常了解。诸葛亮帮刘备规划了总的政治战略⁽⁷⁾。在诸葛亮的帮助下，刘备逐渐站稳脚跟，后来建立了蜀。

诸葛亮画像

曹操统一北方后，在第二年（208年）率军南下，打算统一南方。江东的孙权和刘备决定联合起来，共同抵御曹操。当时曹操的军队有20余万人，孙权和刘备的联军只有5万人，双方的军队在赤壁①相遇。诸葛亮和孙权的大将周瑜联手设计了一个计谋，即借冬天少有的东南风，用火烧毁了曹军战船和曹军营地，致使曹军大败。这是历史上又一场著名的以弱胜强的战役——赤壁之战。

曹操在赤壁之战中损失非常惨重。刘备借着赤壁之战的胜利，取得了荆州南部的四个郡。没有了来自北方的曹操的威胁，孙权在江东的政权也更加稳固了。220年，曹操去世，他的儿子曹丕继位为魏王。同年十月，曹丕废掉汉献帝，自立为帝，把国号改为魏，都城建在洛阳。221年，刘备在蜀称帝，国号汉，建都成都。222年，孙权称吴王，229年改称帝，国号吴，建都建业。三国鼎立的局面正式形成。

---

① 关于赤壁古战场的确切位置还有两种说法，一种认为在今湖北赤壁西北，另一种认为在今湖北武汉西南。

3. 三国的政治和经济

曹操采取"唯才是举"的办法选拔官员,很多出身低微[8],但有政治、军事才能的人被重用。曹操在全国推广屯田制,大量的荒田被重新耕种,农业生产逐步恢复。为了军事和经济的需要,曹操非常重视水利建设,先后开凿了很多沟渠[9],用于农田灌溉[10]。魏国占据的是黄河流域,那里地广人多,经济、文化相对发达,加上这些措施的实行,北方的经济逐渐开始恢复和发展,人口得到了增长,成为三国中国力最强的一方。

刘备建国称帝后,诸葛亮担任丞相,管理大小国家事务。他推行了一些政治、经济措施。政治上,他严格执法,打击豪强,进一步加强国家统治,坚持任用有才能的人帮助治理国家。经济上,他非常重视发展农业生产,实行屯田政策,奖励农耕,积极发展水利事业。手工业方面,他加强了对冶铁、煮盐、纺织的管理,特别是织锦业繁荣,蜀中几乎家家户户都养蚕织锦。蜀锦十分精美,也成为蜀国和魏国、吴国贸易往来的主要商品。经过诸葛亮的治理,西南地区得到开发,蜀国的社会风气良好,社会经济也有所发展,呈现出比较繁荣的景象。

山越人是秦汉时期南方越族的后代。吴国境内有大量的山越人。在吴扩展势力的时候,山越人不断反抗,而且还经常出山抢夺。孙权用了三年时间降服[11]了十万山越人,为吴国增加了大量劳动力和军事力量,稳定了吴国的统治。孙权同时也重视社会经济的发展,他推行屯田制,兴修水利,奖励耕织,努力促进农业生产的发展,使得耕田面积有所增加,粮食产量逐年提高。吴国的手工业也有很大发展,造船业、青铜业和青瓷器制造业最为发达,纺织、冶铁、煮盐等行业也有了不小的进步。在农业和手工业发展的基础上,吴国的商业也有所发展,建业不仅是吴国的都城,也是江南的商业都会[12],非常繁华。

二、西晋

西晋从265年建立,到280年统一中国,再到317年灭亡,只存在了短短52年。西晋的都城在洛阳,共经历4位皇帝。从西晋统一中国,到290年司马炎死的这十年是西晋社会稳定、经济繁荣的时期，之后几十年陷入八王之乱和北方少数民族起义灭晋的战争中。

1. 西晋的统一

西晋是司马家族建立的朝代。曹操称魏王的时候，他的儿子曹丕是魏王世子[13]，他们都特别重视和依靠司马懿（Sīmǎ Yì）。曹丕当上皇帝以后，司马懿的地位越来越高。后来，魏明帝在位期间，司马懿多次率领军队对抗诸葛亮的北伐，其个人的政治和军事地位进一步提高，权力也越来越大，对曹氏皇权造成了威胁。

齐王曹芳继位后，为了削弱司马懿的兵权，把他由太尉调为太傅。司马懿假装生病不出门，但暗地里部署[14]力量，寻找机会除掉了反对自己的势力，把军权掌握在自己手中。司马懿死后，他的儿子司马师控制朝政大权，立曹髦（Cáo Máo）为帝。司马师死后，他的弟弟司马昭（Sīmǎ Zhāo）执政，杀掉曹髦，立曹奂（Cáo Huàn）为帝。自此，司马家族已经成为魏国实际的掌权者。

263年，司马昭派兵攻打蜀国。蜀国本来在三国中是最弱的，且当时诸葛亮早已去世多年，蜀国的皇帝刘禅也没有什么能力，于是向魏投降，蜀国灭亡了。

司马昭在灭掉蜀国之后，进封晋王。265年，司马昭去世，他的儿子司马炎继续当晋王。这一年12月，司马炎废掉魏帝曹奂，把国号改为晋，都城仍在洛阳，历史上称为西晋。279年，司马炎率领军队攻打吴国。这个时候吴国的皇帝是孙权的孙子孙皓，他的统治非常残暴，政治腐败不堪，国内反抗斗争不断，早已不堪一击。280年，晋军攻下都城建业，孙皓投降，吴国灭亡。中国从董卓之乱开始、延续了约九十年的分裂割据状态，重新归于统一。

2. "八王之乱"与"五胡乱华"

晋朝消灭吴国之后，晋武帝司马炎采取了一系列有利于生产发展的措施，他奖励农耕，兴修水利，减免徭役，社会一时呈现繁荣的景象。但他个人生活极其奢侈腐化，他有姬妾（jī qiè）近万人，还公开卖官，卖官的钱都进了自己的口袋。

晋武帝称帝的时候，先后册封27个同姓子弟为王，后来陆续增加到50多个。这些被分封的宗王，不但都在中央有重要的职务，而且都在自己的封地拥有军队，还能自己选拔官吏。他们割据一方，势力很大。

290年司马炎死后，他的儿子司马衷继位，为晋惠帝。晋惠帝是个白痴(15)，其皇后贾南风是个权力欲望很强且很凶残(16)的女人。为了夺取朝中的大权，贾南风先后杀掉了辅佐皇帝的外戚杨骏、汝南王司马亮、楚王司马玮（Sīmǎ Wěi）。后来，元老卫瓘（Wèi Guàn）在夺取大权后又被赵王司马伦所杀。之后，司马伦废掉惠帝，自立为帝，从而引发了其他宗王的反对，并起兵讨伐。这场战争迅速蔓延(17)到全国，成为一场司马家族内部各宗王争夺西晋政权的混战。306年，东海王司马越杀死惠帝，另立司马炽（Sīmǎ Chì）为怀帝，这场持续了16年的"八王之乱"才结束。

魏和西晋时期，大量北方少数民族迁到黄河流域，主要有匈奴、羯、氐、羌和鲜卑，历史上称为"五胡"。"八王之乱"中，各宗王利用北方的少数民族参加战争，使得参加战争的少数民族首领取得了发展势力的机会。西晋末年，全国各地都爆发了反晋的斗争，少数民族也举兵起义。316年，以匈奴人为首领的少数民族军队攻入长安，俘虏了愍（mǐn）帝司马邺（Sīmǎ Yè），西晋灭亡，史称"五胡乱华"。

三、东晋和南朝

东晋（317年—420年）是在西晋末期的战乱中，在北方的贵族、官僚、士族、大地主和大量老百姓纷纷逃往南方的基础上建立的，都城在建康（今江苏南京），共经历11位皇帝。东晋最后被刘裕建立的宋取代。

刘裕建立宋以后，中国的南方进入南朝时代，相继出现宋（420年—479年）、齐（479年—502年）、梁（502年—557年）、陈（557年—589年）四个朝代，它们都以建康为都城。这四个朝代存在的时间都很短，只有几十年，最后被隋朝统一。宋共经历八位皇帝，齐共经历七位皇帝，梁共经历四位皇帝，陈共经历五位皇帝。

1. 偏安江南的东晋

西晋末年，北方连年战乱，各个少数民族割据势力也身陷混战之中，并对汉族进行了报复性仇杀[18]。匈奴人刘曜（Liú Yào）攻破洛阳时，杀死了三万多名贵族、官僚、平民，羯族打败晋军后杀了十多万人。大批汉族官民纷纷逃往南方，史称"永嘉南渡"。

西晋灭亡后，南方的官僚和逃到南方的贵族、士族拥立司马睿（Sīmǎ Ruì）为晋王。"八王之乱"期间，司马睿曾任安东将军，镇守建邺（Jiànyè，今江苏南京）。之后，晋愍帝被杀，司马睿称帝，重建晋朝，都城在建康①（今江苏南京），史称东晋。

东晋建立后，面临着一系列问题，如巩固政权、稳定社会和抵御北方少数民族的不断入侵。东晋采取休养生息[19]的政策，减轻农民的徭役负担；采取"侨置"措施，安抚从北方迁到南方的侨人；设置侨州郡作为管理侨人的地方行政机构，其官吏大多由迁到南方的北方大族人物担任，侨人不但可以分得土地和房屋，还可以免除租税和徭役。这些政策的实施，使得社会慢慢恢复了稳定，也有利于招徕更多北方人南下，增加东晋人口，促进南方经济发展。

为了收复中原地区，东晋多次出兵北伐，其中最重要的是祖逖（Zǔ Tì）和桓温（Huán Wēn）的北伐。当时司马睿只想保住自己的江南，不愿意出兵支持祖逖，甚至出兵牵制祖逖，使得祖逖又担忧又生气，最终于321年病死。之后北伐停止。桓温曾先后三次北伐，但因种种原因都失败了。

东晋时期，我国北方先后存在过一些封建割据政权，主要有前赵、前秦等十六个国家，历史上叫作"十六国"。前秦是"十六国"前期建立的一个政权，苻坚（Fú Jiān）在位时，大力进行改革，因此国力一度非常强盛。前秦统一了北方之后，在383年率领军队南下，想一统天下。前秦军和晋军在淝水相遇，前秦军大败，这就是历史上著名的以少胜多的战役——淝水之战。战争结束后，前秦政权很快就瓦解了，北方又陷入了大规模的分裂割据状态。经过淝水之战，东晋解除了北方的威胁，进一步稳定了江南的统治。之后，南北政权对峙的局面延续。

---

① 313年，因为要避讳晋愍帝司马邺的名字，故改建邺为建康。

东晋末年,政治十分黑暗,政治和军事大权实际上由东晋的士族门阀[20]控制,他们占有大量的土地,使得广大农民失去生产和生活的条件,沦为佃户[21]或者奴仆。东晋统治集团奢侈、腐朽,老百姓徭役繁重,社会矛盾越来越激化,最终引发了大规模的农民起义。虽然这次农民起义坚持了十几年,但最终失败了。这次农民起义基本上摧毁了东晋的统治,打击了士族地主。420年,实际掌握东晋政权的将领刘裕废掉了晋恭帝,自立为帝,把国号改为宋,南方进入了南朝时代。

2. 南朝

东晋末年刘裕掌权期间,对东晋长期存在的政治、经济、社会问题进行了改革,比如重用寒门[22]出身的有才能的人,严厉惩罚不作为和贪婪腐败的官吏,减轻老百姓的徭役和赋税。刘义隆即文帝时期,继续实行稳定政治、发展经济的一系列措施,如奖励农耕、兴修水利、减免赋税等,使得刘宋初年呈现社会稳定、经济繁荣的景象。后来,刘宋统治集团内部发生了争夺政权的斗争,战争不断,政治黑暗,加上北方的北魏经常来犯,使得社会动荡不安,各地爆发了起义。刘宋末年,将军萧道成掌握大权。479年,萧道成废掉宋顺帝,自立为帝,改国号为齐,历史上称为"南齐"或者"萧齐"。

萧道成建立齐以后,为了稳定社会秩序、发展社会经济、巩固政权,推行了一些措施,起到了积极作用。萧道成称帝四年后就死了,他的儿子和侄子们展开了争夺皇权的斗争,后来爆发为内战。萧鸾(Xiāo Luán)是萧道成的侄子,他于494年夺取了帝位。他在位五年间,先后杀死了十余位宗王,统治极其黑暗,农民起义此起彼伏。虽然这些起义都没有成功,但已经大大地削弱了齐的统治。501年,雍州刺史萧衍(Xiāo Yǎn)率兵攻入建康,次年废齐和帝萧宝融,自立为帝,改国号为梁,历史上称为"萧梁"。

梁武帝萧衍在位时间很长,在他统治的前期,社会比较安定。为了缓和统治集团内部的矛盾,他在维护士族门阀和皇室贵族利益的同时,也给庶族地主参政的机会,此外,他也重用寒人。他还十分重视农业和教育。但是他对皇族、官僚兼并土地和剥削人民的行径采取纵容的态度。为了麻痹[23]人民,他极力提倡儒学和佛教,修建了很多寺庙、佛塔。"侯景之乱"和"江陵之变",使得梁的社会经济遭到了严重破坏,统治岌岌可危[24]。557年,梁的军事将领陈霸先废掉梁敬帝，自立为帝，改国号为陈。

陈霸先出身寒微，因此他知道老百姓生活的艰辛和苦难。他和儿子陈文帝在位期间，重视农业生产，减免百姓的赋税和徭役，提倡节俭。这些措施的实施，使被破坏的社会经济逐渐得到了恢复。陈朝最后一位皇帝陈叔宝大建宫殿、沉迷酒色、不理政事，国家政治黑暗、徭役繁重、民不聊生[25]。589年，隋军攻入建康，陈灭亡，隋朝统一中国。

四、北朝

东晋时期，我国北方成为以"五胡"为主的少数民族与汉族争夺统治权的战场，先后出现了众多政权，被称为"十六国"。

北魏统一北方后，开始了北朝时期（386年—581年）。这个时期是我国北方少数民族大融合，社会经济逐渐恢复、发展的时期。

1. 十六国

十六国时期，北方各族的政权更迭极其频繁，有的政权存在不过几年就被别的政权所取代。其中，前赵、后赵、冉魏三个政权的共同特点就是统治者进行过残忍的民族仇杀，同时这三个政权存在的时间都非常短暂。

352年，慕容儁（Mùróng Jùn）自立为帝，国号燕，史称"前燕"。370年，前秦灭前燕。

352年，苻健称帝，史称"前秦"，亦称"苻秦"。357年，苻坚即位。他在位期间非常重视农业生产，他兴修水利、兴办教育，采取了许多有效的措施，使得前秦国力逐渐强盛。灭掉前燕以后，苻坚又灭了前凉，基本上统一了北方。

383年淝水之战之后，前秦政权很快瓦解，北方再次陷入分裂状态，直到北魏统一北方。

北魏的前身是代国，是鲜卑族拓跋（Tuòbá）部建立的，376年被前秦所灭。前秦政权瓦解以后，拓跋珪（Tuòbá Guī）于386年复国，改国号为魏，历史上称为"北魏"。398年，北魏把都城从盛乐（今内蒙古和林格尔北）迁到平城（今山西大同）。在之后的三十多年时间内，北魏先后消灭了夏国、北燕、北凉等国，于439年统一北方，结束了西晋灭亡以来北方120多年的割据和混战局面。

2. 北魏孝文帝改革

北魏孝文帝拓跋弘（Tuòbá Hóng）于471年即位，即位时只有5岁，由他的祖母冯太后摄政。北魏前期的改革主要由冯太后主持。她首先整顿吏制，制定了俸禄[26]制度，由国家统一筹集[27]资金，按照官吏级别的高低发放，对于贪污腐败的官吏进行严厉的惩罚。其次颁布均田令，对没有主人的荒地进行分配和调整。再次推行三长制，五家设一邻长，五邻设一里长，五里设一党长。最后实行户调制，减轻了老百姓的负担。

490年，冯太后去世，孝文帝继续实行改革。为了学习中原先进的文化，494年，孝文帝把都城从平成迁到了洛阳，开始了第二期改革。第二期改革的重点是改革鲜卑族落后的生活习俗，以积极促进鲜卑族接受和学习汉文化。第一，他下令不允许穿胡服，让鲜卑人都改穿汉族的服装。第二，禁止说鲜卑语，把汉语作为北魏的通行语言，并且规定30岁以下的官员在朝廷上必须说汉语。第三，规定迁到洛阳的鲜卑人，一律把籍贯[28]改为洛阳，死后不能葬在平成。第四，改姓氏，把鲜卑贵族原有的姓氏改为汉姓。拓跋氏为首姓，改姓元。此外，他还提倡鲜卑皇族和贵族与汉族人通婚，极力尊崇[29]孔子，大力提倡儒学。

北魏孝文帝的这些改革举措，使得北方社会经济得到了恢复和发展，加速了北方民族大融合，促进了少数民族经济生活和社会生活的发展，北方一度呈现比较繁荣的景象。

北魏末年，北魏分裂为东魏（534年—550年）和西魏（535年—556年）。东魏的都城在邺城（Yèchéng，今河北临漳西南），西魏的都城在长安，分别由高欢和宇文泰把持统治大权。高欢死后，他的儿子高洋于550年称帝，改国号为齐，历史上称为北齐（550年—577年）。556年，宇文泰去世，他的儿子宇文觉于第二年称帝，改国号为周，历史上称为北周（557年—581年）。这段时间，我国北方形成了东魏、北齐和西魏、北周对峙的局面。577年，北周灭北齐，结束了北方将近半个世纪的分裂状态。581年，杨坚灭北周建立隋朝。

五、艺术与科技

魏晋南北朝时期，虽然政治上处于长期分裂割据状态，但思想、文学、艺术和科技还是取得了一定的成就。

魏晋时期，玄学①盛行，出现了以阮籍（Ruǎn Jí）、嵇康（Jī Kāng）为代表的"竹林七贤"。他们在思想和生活上崇尚自然、放荡不羁，政治上主张"无为而治"。

文学上，出现了以曹操、曹丕、曹植父子，建安七子和女诗人蔡文姬为代表的建安文学。东晋时期，田园诗产生，陶渊明是东晋时期著名的田园诗人。

西晋末年，佛教逐渐为上层社会所接受，很多统治者也推崇佛教。北魏末年，北方有寺庙三万多所，著名的云冈石窟、龙门石窟、敦煌莫高窟也是在这一时期开凿的。特别是敦煌莫高窟中保存了近十个世纪、历经一千多年修建的700多个石窟，45 000平方米的壁画，是我国古代佛教艺术的宝库。

东晋的顾恺之是当时三大画家中最杰出的一位（另两位是陆探微、张僧繇），他的名作有《女史箴（zhēn）图》。他善于画人物，画技高超，被称为"画绝"。东晋的王羲之和他的儿子王献之是这个时期最著名的书法家。王羲之博采众长[30]，创造了新的书法字体，被称为"书圣"。

这个时期的科学也取得了一定的成就。祖冲之在曹魏数学家刘徽（Liú Huī）的基础上，进一步推算出更精确的圆周率②，把圆周率算到了小数点后七位，比欧洲早约千年。贾思勰（Jiǎ Sīxié）是北魏农学家。他阅读了很多农业文献，并结合自己的农业知识和当时的农业生产经验，撰写了《齐民要术》一书，是中国保存至今最早、最完整的一部综合性农学著作。

---

① 魏晋时代，何晏、王弼等运用道家的老庄思想糅合儒家经义而形成的一种唯心主义哲学思潮。
② 圆周长度与圆的直径长度的比，圆周率的值是3.141 592 653 589 793 238 46……，通常用"π"表示。计算中常取3.141 6为它的近似值。

第九课　三国两晋南北朝

▶ 生词表

(1) 对峙（duì zhì）：相对而立。

(2) 豪强（háo qiáng）：指依仗权势欺压人民的人。

(3) 摧毁（cuī huǐ）：用强大的力量破坏。

(4) 抗衡（kàng héng）：对抗，不相上下。

(5) 依附（yī fù）：依赖；从属。

(6) 成就（chéng jiù）：完成（多指事业）。

(7) 战略（zhàn lüè）：泛指决定全局的策略。

(8) 低微（dī wēi）：（身份或地位）低下。

(9) 沟渠（gōu qú）：为灌溉或排水而挖的水道的统称。

(10) 灌溉（guàn gài）：把水输送到田地里。

(11) 降服（xiáng fú）：投降屈服。

(12) 都会（dū huì）：都市。

(13) 世子（shì zǐ）：古代帝王和诸侯的儿子中确定继承王位和爵位的。

(14) 部署（bù shǔ）：安排；布置（人力、任务）。

(15) 白痴（bái chī）：患白痴的人。

(16) 凶残（xiōng cán）：凶恶残暴。

(17) 蔓延（màn yán）：像蔓草一样向周围扩展。

(18) 仇杀（chóu shā）：因有仇恨而杀害。

(19) 休养生息（xiū yǎng shēng xī）：指在国家大动荡或大变革以后，减轻人民负担，安定生活，发展生产，恢复元气。

(20) 门阀（mén fá）：旧时在社会上有权有势的家庭、家族。

(21) 佃户（diàn hù）：旧时租种某地主土地的农民称为某地主的佃户。

(22) 寒门（hán mén）：贫寒微贱的家庭。

(23) 麻痹（má bì）：使失去警惕性；疏忽。

(24) 岌岌可危（jí jí kě wēi）：形容十分危险，快要倾覆或灭亡。

(25) 民不聊生（mín bù liáo shēng）：人民没办法生活。

(26) 俸禄（fèng lù）：封建时代官吏的薪水。

(27) 筹集（chóu jí）：筹措聚集。

(28) 籍贯（jí guàn）：祖居或个人出生的地方。

(29) 尊崇（zūn chóng）：尊敬推崇。

(30) 博采众长（bó cǎi zhòng cháng）：广泛地采纳各家的长处。

思考题

1. 你看过《三国演义》吗？读过关于三国的故事吗？很多文学作品和传统戏剧都把曹操描绘成一个奸诈、多疑的人，通过这一课的学习，你怎么评价曹操这个人？

2. 南朝宋、齐、梁、陈四个朝代的更替有什么共同特点？

3. 说一说北魏孝文帝的改革为什么能取得成功。

第十课　隋朝和唐朝

隋朝和唐朝是在魏晋南北朝长期分裂之后出现的两个统一王朝，其中央集权政治体系也更加完善。唐代前期出现了"贞观之治"和"开元盛世"局面，说明当时的统治政策比较宽松，社会稳定、商业发达，城市和文化非常繁荣，是中国古代政治、经济、文化发展的一个高峰时期。

一、隋朝

公元581年，杨坚废北周静帝宇文阐（Yǔwén Chǎn），建立隋朝（581年—618年）。杨坚就是隋文帝。隋朝的都城仍建在长安。589年，杨坚南下灭陈，完成了统一。隋朝的历史很短，共经历两位皇帝，但是隋朝开创的三省六部制和科举制度，对唐朝以及之后的朝代影响很大。

1. 隋文帝和隋炀帝

面对长期分裂割据后遗留下来的各种社会问题，隋文帝即位后立刻采取各种措施大力进行改革。为了巩固新政权，加强中央集权统治，防止分裂割据再次发生，他首先废除了北周旧有的制度，设立了三省六部制。三省指的是内史省、门下省、尚书省，分别为决策机构、审议[1]机构和执行机构，三省是中央的最高统治机构；六部就是尚书省下属的吏部、度支、礼部、兵部、刑部、工部六曹。地方行政制度上，他把原来的州、郡、县三级制，改为州、县两级制，并规定九品[1]以上的地方官吏必须由吏部任免考核。隋文帝废除了九品中正制，使官吏的选拔不再受门第[2]的限制。他还下令各州每年选送三个人到中央参加秀才、明经等科的考试，合格者可任命为官，为后来隋炀帝开创科举制奠定了基础。隋文帝在经济方面也推行了一系列措施。他下令实行均田制，在国家掌握大量荒地的前提下，对土地进行有限调剂[3]和分配，在一定程度上解决了农民土地不足的问题，提高了农民生产的积极性，推动了农业和社会经济的发展。此外，隋文帝推行廉洁[4]政治、温和政治。他提倡政府厉行[5]节约，减少开支，以减轻百姓负担；主张法律要宽松，并两次下令修订法律，减轻刑罚。

604年，杨广继位，即隋炀帝。隋炀帝即位后，为了进一步巩固和扩大隋王朝的影响，采取了一系列措施。如为了加强中央对东部和南方的控制，他修建了东都洛阳；为了加强中央对南方的控制，沟通南北交通，他开凿了以洛阳为中心的大运河[6]。经过两代皇帝的治理，隋朝的经济得到了快速恢复和发展，呈现出一派繁荣强盛的景象：耕地和人口有了一定的增长；手工业，特别是纺织业、陶瓷业和造船业发展迅速；由于农业、手工业和交通运输的发展，商业也迅速发展起来，长安成为全国最大的商业中心，并和洛阳一同成为国际贸易的重要城市。隋朝国库充盈[7]，国家粮仓[8]中的粮食有数千万石[9]，布帛（bó）有几千万匹。

隋炀帝爱好字画，擅长诗文。同时，他又非常自负[10]，好大喜功[11]，喜欢炫耀国力。他生活非常奢侈，在各地大建宫殿，大兴土木兴建各种工程，四处大规模巡游，动用大量人力、财力、物力。有少数民族、外国首领和使者聚集到洛阳时，他就命人装饰市容和店铺，用丝织品装饰树木，还让人在城门外表演歌舞，极其奢侈。为了扩张隋朝版图[12]，他三次出兵攻打高句丽，导致大量士兵和百姓死于战场和劳役。

繁重的徭役和兵役使得大量农田荒废，社会矛盾重重。老百姓无法生存，于是纷纷起义。各地大小起义军人数多达三四百万，最后汇合形成了三大主力军。起义军在河北、山东、河南取得了决定性胜利。这时隋朝的官僚

---

① 中国古代官吏的等级。始于魏、晋时，从第一品至第九品，共分九等。

贵族为了保护自己的利益，也举兵起义。618 年，隋朝将领宇文化及在江都发动兵变，杀死隋炀帝，隋朝只存在了 37 年就灭亡了。

2. 大运河的开凿

春秋战国时期，为了运送军队或物资，很多诸侯国开凿运河。例如吴王夫差开凿邗沟（Hángōu），魏惠王开凿鸿沟（Hónggōu）。隋文帝为了运送物资到长安以及为伐陈做准备，小规模地开凿了广通渠（Guǎngtōng qú）和山阳渎（Shānyángdú）。

隋炀帝建东都洛阳以后，连续六年大规模开凿运河。以洛阳为中心，开凿了四条贯通全国的大运河，即通济渠（Tōngjì qú）、邗沟、江南河、永济渠（Yǒngjì qú）。运河全长 1700 多千米，是世界著名的伟大工程之一。后来元朝翻修大运河时舍弃了洛阳，将运河直接连接到了北京，形成了世界著名的京杭大运河。

3. 科举考试

在隋文帝实行的秀才、明经两科考试的基础上，隋炀帝增加了进士科考试，专门用于选拔人才，由此科举制度正式产生。秀才科需要广泛的一般学识，录取标准很高，被录取的人很少；明经科主要考对某一个儒家经典的熟悉程度；进士科是考试策①，主要考写文章的才能。科举制度的产生打破了几百年来士族门阀垄断仕途(13)、按照门第高低选拔官吏的局面，普通百姓甚至出身寒微的人也可以通过科举考试走上仕途。科举考试逐渐成为封建国家考选文官的主要制度，一直沿用到清朝。

二、唐 朝

李渊出生于贵族之家，七岁封唐国公，在隋炀帝时期担任太原留守一职。在隋末各地起义的大潮中，李渊也起兵反隋。618 年，宇文化及杀死隋炀帝之后，李渊自立为帝，国号唐（618 年—907 年），以长安为都城。此后

---

① 对时政的点评，提出对时政的想法然后给出解决办法。

十年间，唐消灭了各地割据势力，于 628 年统一全国。唐朝是中国封建时期统治时间最长、国力最强盛的一个朝代。唐朝的历史以 755 年的"安史之乱"为界，可以分为两个时期，之前是国力强盛、文化繁荣的唐前期，之后是国力渐衰、分裂割据的唐后期。

1. 唐太宗与"贞观之治"

唐朝建立不久，为夺取继承权，李渊的三个儿子暗中展开较量。626 年，李渊的第二个儿子李世民发动"玄武门之变"，杀死了自己的哥哥和弟弟，争得了太子的位子。李世民即位后改元"贞观"，历史上称他为唐太宗。唐初基本上延续了隋朝中央和地方的行政制度、兵制、科举制、土地和赋役制度等，也在某些方面做了一些改进和完善。唐太宗是中国古代杰出的政治家。他即位后，除了继续实行唐高祖时期确定的各项制度之外，还经常和大臣们议论历代王朝特别是隋朝兴衰成败的原因，注意总结历史经验作为治理国家的参考，确立了"以民为本"的基本国策，积极推行均田制、轻徭薄赋、发展生产、与民休息等政策。唐太宗不问门第，坚持"选贤任能"[①]"因材致用"[②] 的原则，选拔和重用了一大批精干的官吏。此外，他非常重视听取大臣们的意见，鼓励大臣们"直言敢谏"[③]。他曾经把敢于直言进谏[14]的大臣魏征（Wèi Zhēng）比喻成镜子，认为"以人为镜，可以明得失"[④]。唐朝初期，突厥（Tūjué）等少数民族不时侵扰，唐太宗多次派兵反击并征服了突厥、吐谷浑（Tǔyùhún）等。唐太宗对少数民族地区采取的是比较友好和灵活的政策，帮助他们发展生产，稳定社会，还通过和亲的方式进一步改善、发展民族关系。

在唐太宗的治理下，贞观年间，国家政治风气良好，社会稳定，经济发展迅速，国力强盛，边境安定，国家呈现出从未有过的繁荣景象。这段时期史称"贞观之治"。

---

① 选拔和任用德才兼备的人。
② 会用人，能根据不同人的才能安排工作，充分发挥人的才能和特长。
③ 直截了当地进言，敢于劝谏君主。
④ 把别人的成败得失作为自己的借鉴，吸取别人的教训，可防止错误重演。

第十课　隋朝和唐朝

唐太宗画像

2. 历史上第一位女皇帝——武则天

贞观二十三年（649年）唐太宗病逝，他的儿子李治继位，为唐高宗。武则天（624—705），名曌（zhào），并州文水（今山西文水）人，高宗的皇后。她从小就聪明机智、通晓[(15)]文史，做事非常果断。唐高宗性格懦弱[(16)]、优柔寡断[(17)]，后来因为长期生病，就让武则天替他处理政务。由此，武则天正式开始参与朝政。武则天先杀死了自己的长子李弘（Lǐ Hóng），又把自己的第二个儿子废为庶人，不久就掌握了大权。683年，高宗病逝，李显继位，为中宗。武则天以皇太后的名义临朝处理政事。第二年，武则天废掉中宗，立李旦为帝，是为睿宗，但实际朝政大权还是掌握在武则天手中。

武则天十四岁时成为唐太宗的才人①，太宗死后，她按照惯例剃掉头发成为尼姑[(18)]。武则天本来应该在寺庙里度过自己的余生，但高宗李治早就被武则天的美貌迷住了。李治即位以后，又把武则天召回宫中，封为昭仪②。武则天凭借自己的才能和手段，最终成为高宗的皇后。她的出身和经历，成为一些大臣、官僚维护唐朝李氏、反对她掌权、起兵讨伐她的把柄[(19)]。大臣徐敬业和宗室诸王陆续在扬州、通州（今北京）、豫州（Yùzhōu,

---

① 妃嫔称号。三国魏始置。唐玄宗时为正四品。唐以后虽沿用此称号，但已无明确品位定制。
② 妃嫔称号。西汉元帝始置。唐代置为九嫔之首，正二品。

今河南汝南）等发起叛乱。武则天果断出击，镇压了这些叛乱。690年，武则天废掉睿宗，自称"圣神皇帝"，改国号为周，成为中国历史上唯一一位女皇帝。

除了继续推行唐太宗时期的各项政策之外，武则天最大的贡献是削弱士族，将政权向庶族开放。在镇压徐敬业和宗室诸王叛乱，以及打击反对武则天的那些人之后，曾经垄断中央政权的关陇士族的势力被大大削弱，甚至完全失势。武则天还改进了科举制度，增加进士科的录取人数，开创殿试[20]制度，并亲自面试考生；她还采用"糊名"[①]的方式，保证科举考试的公平性和客观性；她创立"自荐"和"试官"制度，鼓励官吏自己推荐自己和他人；她开设武举，选拔军事人才；她还推行"南选"，下令在两广等地选拔人才。她重用了一大批出身庶族的官员，有些成为唐玄宗时期的名相。武则天掌权及在位期间，唐朝的政治、经济、文化都得到一定程度的发展，"贞观之治"的盛况得以延续，并为后来的"开元盛世"奠定了良好的基础。

705年，宰相张柬之（Zhāng Jiǎnzhī）等趁82岁的武则天老病的机会，发动宫廷政变，迫使武则天退位，帮助中宗李显复位，并恢复国号唐。之后，唐中宗封武则天尊号"则天大圣帝"。不久后武则天就病死了。

武则天画像

---

① 把考生的名字用纸贴起来，不让审阅试卷的人看到。

3. 开元盛世

李隆基（685—762）是睿宗李旦的儿子。在唐中宗的皇后韦氏毒死中宗、篡夺大权之后，李隆基发动政变，拥立睿宗李旦复位。李旦在位两年后传位给李隆基，是为唐玄宗。713年，唐玄宗改元"开元"。

唐玄宗即位后重用武则天时期提拔的庶族官员姚崇（Yáo Chóng）、宋璟（Sòng Jǐng）等，整顿吏制，发展农业生产，废除武则天时期的严酷刑罚，继续推行贞观时期的轻徭薄赋政策和均田制等。这个时期，唐朝人口、户数得到快速增长，国家储存的粮食达到一千多万石，物价也极其低廉。整个国家社会安定、政治清明，社会经济得到了很大发展，唐朝进入全盛时期，史称"开元盛世"。

4. 繁盛的长安城

唐都长安是唐朝的政治、经济、文化中心，也是最大的商业城市。唐朝全盛时期，长安成为著名的国际大都会和东西方文明交流中心。长安城全城是规整的长方形，南北长8.6千米，东西宽9.7千米，面积为84平方千米，人口有一百多万，其规模之大在当时的世界上都是少有的。长安城里，坊（fāng）是住宅区，市是工商业区，市里售卖商品的店铺叫作"肆（sì）"。长安城有东、西两市，东市里商业门类有二百二十行[①]，周围大都居住的是达官贵人[(21)]，每天都热闹非凡，即使到了晚上也灯火通明；西市周围居住着大批来自西域的商人，繁华程度超过东市。

长安是东西方交通的枢纽[(22)]，西域、东亚、南亚等地国家和唐朝往来，长安都是必经之地。各国的使节[(23)]、商人、僧侣[(24)]、学生来到长安进行政治、经济、商贸、文化、宗教等方面的交流，在长安形成了交汇融合的灿烂图景。同时，通过长安传入唐的有中亚的音乐、舞蹈、历法，还有包括伊斯兰教、摩尼教等在内的各种宗教。唐和新罗[②]、日本的交流更为密切。新罗和日本多次派遣使节、学生、僧人到长安学习唐朝的政治、经济、文化、科技等。当时，新罗和日本在各方面都受到唐朝的深刻影响。日本在政治制度

---

① 售卖同一类商品的肆集中在同一区域，称作"行"。
② 朝鲜半岛古国。

上仿效三省六部制，甚至都城也仿照长安城设计建造。很多人在促进唐朝和本国的交流方面起到了重要作用，例如新罗的圆光和尚、唐朝的鉴真（Jiànzhēn）和尚等。

5. 佛教的兴盛

佛教自汉代传入中国，经过魏晋南北朝时期在中国的传播与发展，到唐朝时进入全盛，并在中国演化发展出一些较大的宗派，主要有天台宗、法相宗、华严宗、禅宗等。唐朝初期的统治者都特别推崇佛教，华严宗的创始人法藏在武则天统治时期得到了国师[25]的待遇。玄奘（Xuánzàng）于贞观三年（629年，一说贞观元年）从长安出发，经过凉州、玉门关，一直往西走，最终到达了佛教的发源地印度。他在印度学习了五年，之后去各地讲习佛法。贞观十五年（641年），他携带六百多部佛经，历经四年回到长安，得到了唐太宗的接见。随后，唐太宗下令组织大规模的译场，协助玄奘翻译佛经。唐朝非常重视佛经的翻译工作，唐朝初年之后的两百年间，翻译佛经的工作都没有停止过。

唐朝佛教的兴盛，也促进了石窟艺术的发展。云冈石窟和龙门石窟中最大的洞窟都是在唐朝开凿的，敦煌莫高窟中的大部分洞窟也开凿于这一时期。敦煌莫高窟中有大量佛像泥塑，壁画里很多故事也都是佛教故事，如《鹿王本生》《尸毗王（shīpíwáng）本生》等。

6. 安史之乱

唐玄宗在位的开元、天宝年间，是唐朝国力最为强盛的时期，但社会上的各种矛盾也在逐渐积累和显露。

唐朝初年颁布的均田令逐渐失去效力，土地兼并日益严重，大量农民失去土地，四处逃亡。唐高宗以后，唐朝边境经常受到西部和北部少数民族的侵犯。为了加强防御，武则天在边疆[26]设立军、镇，派军队驻扎。唐睿宗时在河西地区设置河西节度使。到开元年间，唐朝已经设置了十镇节度使。天宝元年（742年），各节度使掌握的军队多达49万人，而当时中央禁军只有八九万人，形成了"外重内轻"的局面。节度使的势力越来越大，逐渐有藩镇割据一方的趋势。天宝后期的唐玄宗不像以前那样勤勉，他开始不理朝政，并且从倡导节俭转变为奢侈浪费。特别是纳杨玉环为贵妃①后的唐玄宗更加沉迷于酒色歌舞，并且挥金如土[27]。唐玄宗还重用奸相[28]李林甫（Lǐ Línfǔ）和外戚杨国忠②。在李林甫担任宰相期间，他一个人把持朝政大权，嫉贤妒能[29]，排除异己[30]，政治非常黑暗。杨国忠继李林甫之后就任宰相，他倚仗[31]杨贵妃的势力专权独断，排除异己，疯狂聚敛[32]财富，政治更加黑暗。

755年，三镇③节度使安禄山以讨伐杨国忠为名发动叛乱，率领15万大军，攻入关中。唐玄宗派去平定叛乱的两个将领都被打败了。安禄山攻入洛阳，并在洛阳称帝，国号大燕。同年六月，安禄山攻破潼关，很快就要攻入长安，唐玄宗仓皇逃离长安，到了马嵬驿（Mǎwéiyì，今陕西兴平西），禁军④发动兵变，杀死杨国忠，又迫使唐玄宗缢死[33]杨贵妃。756年，太子李亨逃到灵武（今宁夏灵武西南）即位，为唐肃宗。757年，安禄山被儿子杀死。唐朝军队在郭子仪的率领下相继收复长安和洛阳。

758年，范阳节度使史思明又举兵反叛，洛阳再一次被攻陷。761年，史思明被儿子史朝义杀死，唐朝军队趁叛军内乱的机会收复了洛阳。763年，史朝义自杀，长达八年的"安史之乱"终于平息。"安史之乱"极大地破坏了唐朝的社会经济秩序，唐朝由此从兴盛走向衰败。

7. 藩镇割据

为了平定"安史之乱"以及彻底消灭"安史之乱"的余部，唐朝将军镇制度扩展到了内地。因此"安史之乱"平定后，唐朝的藩镇势力不但没有消除，反而发展壮大。陕西、四川和江淮一带的藩镇基本上都服从中央政府的指挥，向中央缴纳贡税。但以"河北三镇"为首的一些藩镇，不听中央政府的命令，不交纳赋税，割据一方。

781年，成德节度使的儿子李惟岳联合其他三个藩镇发起了"四镇之乱"。唐德宗平定叛乱后，参与平定叛乱的其他藩镇内部又发生互相争夺地盘的冲突，进而引发新的叛乱。783年，长安被占领，德宗逃到奉天（今陕

---

① 妃嫔称号。南朝宋武帝时始置，位次于皇后。隋至清多沿置，然之尊卑不同。
② 杨国忠的祖父和杨玉环的祖父是兄弟。
③ 指平卢、范阳、河东三镇。
④ 古代称保卫京城或宫廷的军队。

西乾县）。786年，叛乱被平定。

唐宪宗即位后，决心加强中央集权，削弱藩镇势力。他采取"先弱后强"的政策，即先选择势力比较弱的藩镇，使他们归顺中央政府，然后集中力量对付强大的淮西节度使。淮西节度使归顺后，其他藩镇也纷纷表示归顺。但藩镇对中央政府的威胁并没有完全消除。宪宗死后，"河北三镇"又发动叛乱，此后各地藩镇纷乱不断，唐朝中央政府再也无力干预。

8. 帝国的覆灭

唐朝初期，宦官的数量并不多，地位也非常低，更没有权力过问国家大事。但到了唐玄宗时期，官阶高的宦官人数已超过一千。唐玄宗晚年不理政事，把部分政务交给他宠信[34]的宦官高力士处理。唐肃宗时期，宦官李辅国开始掌握军权。从此，宦官手中的权力越来越大，成为控制唐朝政局的强大力量。专权的宦官与大臣们发生了激烈的冲突。唐顺宗与大臣们联合发起"永贞革新"，反对宦官专权，但最终失败。之后，唐文宗多次试图消灭宦官的势力，但都以失败告终。在这之后，宦官一直掌握唐朝的军政大权。直到唐朝末年，朱温把所有宦官都杀死，这一局面才结束。

唐朝后期，除了宦官专权以外，还存在着大臣之间的党派之争。影响最大的是"牛李党争"，即以牛僧孺（Niú Sēngrú）为首的官僚和以李德裕（Lǐ Déyù）为首的官僚之间的斗争和冲突。"牛李党争"从唐穆宗时开始，到唐宣宗时才结束。这场斗争使唐朝统治内部陷入混乱和分裂，加深了唐朝的政治危机。

藩镇割据、宦官专权和朋党之争，加速了唐朝的灭亡。唐朝晚期的统治十分黑暗、腐败，老百姓的生活越来越艰难，破产的农民越来越多，社会矛盾重重。唐朝末年，多地相继发生农民起义，其中影响最大的是黄巢（Huáng Cháo）起义。黄巢起义历时10年，还曾经建立了"大齐"政权，但最终被唐朝军队镇压下去。在镇压黄巢起义军的过程中，唐朝形成了一批新的军事派别，其中势力最大的是后来叛变[35]但又投降唐朝的原黄巢军队重要将领朱温。在后来宦官与朝臣的斗争中，朱温杀死了所有的宦官，并完全控制了朝廷。907年，朱温篡位，唐朝灭亡。

9. 文学与艺术

在中国的文学史上,唐朝有着极其重要的地位。唐朝是古典诗歌发展的最高峰和黄金时代。开元天宝年间是唐朝诗歌发展最为繁荣的时期,出现了各种诗歌风格和派别,也出现了一大批有名的诗人。其中,李白和杜甫是诗歌成就较高的两位诗人。

李白(701—762)字太白,号"青莲居士(Qīnglián Jūshì)",是唐代伟大的浪漫主义诗人。他有一千多首诗作一直保存至今。他的诗歌有的展现祖国山河的壮美,有的表达对百姓疾苦的同情,有的表达对权贵的蔑视(36)和不满,也有的是对政治抱负(37)不能实现的无奈。他的诗歌善于用夸张和浪漫的比喻,有着明快、华丽、豪放(38)的语言风格。因此他被称为"诗仙"。

李白画像

杜甫(712—770)字子美,号"少陵野老",唐朝著名的现实主义诗人。他被称为"诗圣",与李白合称"李杜"。杜甫的诗歌忧国忧民,风格沉郁(39)雄浑(40),更多反映的是社会的动荡、政治的黑暗和人民的疾苦,其记录了唐朝从盛转衰的历史转变时期的社会现实,因此被称作"诗史"。

此外,唐朝还出现了以王维、孟浩然等为代表的山水田园诗派,以高适、王昌龄等为代表的边塞诗派。同时还有一大批优秀的诗人,如中唐时期善于写长篇叙事风格诗歌的白居易、元稹(Yuán Zhěn),晚唐时期被称作

"小李杜"的李商隐（Lǐ Shāngyǐn）和杜牧（Dù Mù）等，他们为后人留下了许多优秀的诗篇和脍炙人口[41]的著名诗句。清朝时期编撰的《全唐诗》一共收录了约4.9万首唐诗。唐诗是中国文学宝库中一颗璀璨（cuǐ càn）的明珠。

唐朝的绘画和书法也有很大的发展，出现了一批有名的画家和书法家。如阎立本和吴道子，都擅长画人物画。《步辇图（Bùniǎntú）》是唐朝画家阎立本的名作之一，也是中国十大传世名画之一，画的是吐蕃（Tǔ bō）[①]使者禄东赞（Lùdōngzàn）到长安朝见唐太宗时的场景。还有周昉的《簪（zān）花仕（shì）女图》、韩滉（Hán huàng）的《五牛图》等都是名画。唐朝著名书法家有欧阳询、颜真卿（Yán Zhēnqīng）和柳公权。

阎立本的《步辇图》

周昉的《簪花仕女图》（部分）

---

① 中国古代藏族政权名。

10. 对外交流

唐朝是当时亚洲的政治、经济和文化中心。唐朝的对外交通十分发达，以长安为中心，有著名的丝绸之路通往中亚和西亚，有三条路可以到达印度和南亚各国，往东可以通过陆路或者海路到达新罗、日本，往南可以通过海路出广州到达红海、波斯湾等。来自亚洲的很多使节、贵族、商人、僧侣、学者都到唐朝来进行访问、贸易、求学和交流。唐朝的中央政府机构中，有专门负责接待外国使节和来宾的鸿胪（hóng lú）寺。不少地方机构设立了商馆，用来接待外国商人。

新罗和日本在唐朝之前就开始了与中国的交流往来，唐以后交流更加频繁。新罗不少商人在唐朝进行各种贸易活动。新罗贵族派大批子弟到唐朝学习，参加科举考试，还有不少通过科举考试后在唐朝做官。日本派到唐朝的使团多达十五次，使团人数最多的一次达500人。他们在唐朝学习典章制度、天文、历法以及各种生产技术和文化艺术，回到日本后进行广泛传播。日本的国家体制、经济制度、法律、城市和建筑风格等都受到唐朝深刻的影响。

东南亚和南亚各国与唐朝的交流往来也非常密切。林邑（立国于今越南中部）、骠国（缅甸）、真腊（柬埔寨和老挝）、尼婆罗（尼泊尔）、狮子国（斯里兰卡）等国与唐朝保持着长期的密切往来。这些国家经常派遣使者访问唐朝，带来他们国家的土特产、音乐、舞蹈等，同时也把中国的丝织品和造纸术等带回自己国家。唐朝与天竺（Tiānzhú）[①] 交流尤为密切。两个国家经常互派使者，商船也频繁往来，唐朝的青瓷、铜钱、造纸术传入天竺，天竺的胡椒、棉花、砂糖及制糖术也传入中国。天竺的建筑、雕塑、绘画、音乐以及医学都对唐朝产生了一定的影响。

中亚的粟特（sù tè）[②] 人，即"昭武九姓"和中原的王朝关系最为密切。他们擅长经商，长期控制着丝绸之路上的贸易，也给唐朝带来了中亚的

[①] 中国古代对印度的称呼。
[②] 葱岭以西的中亚地区分布着很多小国，其中以"昭武九姓"即康、安、石、曹、米、何、火寻、戊地、史国这九个小国与中原王朝关系最为密切，这九个国家都在现在的乌兹别克斯坦境内。

中国古代历史

宗教、文化和艺术。6世纪开始，波斯一直和中国保持着友好关系和频繁往来，大量波斯商人到唐朝经商，菠菜、波斯枣传入中国，马球也在中国流行开来。唐朝的丝绸、瓷器、纸张大量输入波斯，并经由波斯传入西方。后来，波斯为大食①所灭。大食与唐交往频繁，中国的造纸术等由此传入阿拉伯。唐朝和中亚、西亚的往来也使得伊斯兰教、祆教、景教等宗教传入中国。

生词表

(1) 审议（shěn yì）：审查讨论。

(2) 门第（mén dì）：指整个家庭的社会地位和家庭成员的文化程度等。

(3) 调剂（tiáo jì）：把多和少、忙和闲等加以适当的调整。

(4) 廉洁（lián jié）：不损公肥私；不贪污。

(5) 厉行（lì xíng）：严格实行。

(6) 运河（yùn hé）：人工挖成的可以通航的河。

(7) 充盈（chōng yíng）：充满。

(8) 粮仓（liáng cāng）：储存粮食的仓库。

(9) 石（dàn）：容量单位，10升等于1斗，10斗等于1石。

(10) 自负（zì fù）：自以为了不起。

(11) 好大喜功（hào dà xǐ gōng）：指不管条件是否许可，一心想做大事，立大功（多含贬义）。

(12) 版图（bǎn tú）：原指户籍和地图，今借指图家的领土、疆域。

(13) 仕途（shì tú）：指做官的道路。

(14) 进谏（jìn jiàn）：以忠言规劝（君主、尊长等）。

(15) 通晓（tōng xiǎo）：透彻地了解。

(16) 懦弱（nuò ruò）：软弱，不坚强。

(17) 优柔寡断（yōu róu guǎ duàn）：办事迟疑，没有决断。

(18) 尼姑（ní gū）：出家修行的女佛教徒。

(19) 把柄（bǎ bǐng）：比喻可以被人用来进行要挟或攻击的过失或错

---

① 7世纪初，由穆罕默德所建立的阿拉伯帝国，势力范围达到中亚、南亚和北非。

误等。

（20）殿试（diàn shì）：科举制度中最高一级的考试，在皇宫内大殿上举行，由皇帝亲自主持。

（21）达官贵人（dá guān guì rén）：职位高的官吏和身世显赫的人。

（22）枢纽（shū niǔ）：事物的重要关键；事物相互联系的中心环节。

（23）使节（shǐ jié）：由一个国家派驻在另一个国家的外交代表，或由一个国家派遣到另一个国家去办理事务的代表。

（24）僧侣（sēng lǚ）：僧徒，也借来称某些别的宗教（如古印度婆罗门教、中世纪天主教）的修道人。

（25）国师（guó shī）：宗教中学德兼备的高人的称号。

（26）边疆（biān jiāng）：靠近国界的领土。

（27）挥金如土（huī jīn rú tǔ）：形容任意挥霍钱财，毫不在乎。

（28）奸相（jiān xiàng）：弄权误国的宰相。

（29）嫉贤妒能（jí xián dù néng）：对于德才超过自己的人心怀忌恨。

（30）排除异己（pái chú yì jǐ）：排挤、清除和自己意见不同或不属于自己集团派系的人。

（31）倚仗（yǐ zhàng）：靠别人的势力或有利条件；依赖。

（32）聚敛（jù liǎn）：用重税等搜刮（民财）。

（33）缢死（yì sǐ）：用绳子勒死；吊死。

（34）宠信（chǒng xìn）：宠爱信任（多含贬义）。

（35）叛变（pàn biàn）：背叛自己的一方，采取敌对行动或投向敌对的一方。

（36）蔑视（miè shì）：轻视；小看。

（37）抱负（bào fù）：远大的志向。

（38）豪放（háo fàng）：气魄大而无所拘束。

（39）沉郁（chén yù）：低沉郁闷。

（40）雄浑（xióng hún）：雄健浑厚；雄壮浑厚。

（41）脍炙人口（kuài zhì rén kǒu）：美味人人都爱吃，比喻好的诗文或事物，人们都称赞（炙：烤熟的肉）。

> 思考题

1. 说一说唐太宗为什么能创造"贞观之治"的成就。
2. 你认为中国第一个女皇帝武则天是一个什么样的人？
3. 为什么说唐朝是中国古代政治、经济、文化发展的一个高峰时期？

第十一课　五代十国和宋、辽、西夏、金

五代十国和宋、辽、西夏、金时期是中国历史上一个分分合合的时期，也是多民族大融合的时期。这一时期，欧洲的经济、文化发展不平衡，中国的经济、文化在世界上继续处于领先地位。宋朝商品经济发达，文化繁荣，科技水平高超。

一、五代十国

五代十国是中国历史上的一段大分裂时期。公元907年，朱温在中原地区建立后梁，定都东京开封府（今河南开封），五代十国开始。五代是指907年开始先后定都于中原地区的五个政权，历史上称为后梁、后唐、后晋、后汉和后周。五代是相继建立的，并且位置基本相同。其中，后唐定都洛阳，后梁先后定都开封—洛阳—开封，后晋最初也有很短一段时间把洛阳定为都城的经历，其余均定都开封。960年，后周赵匡胤发动"陈桥兵变"，推翻后周，建立北宋，五代结束。

十国是指在唐代末期、五代及宋朝初期，中国中原地区之外存在的许多割据政权，其中前蜀、后蜀、吴、南唐、吴越、闽（Mǐn）、楚、南汉、南平、北汉等十个封建割据政权。这些政权有的是并存的，有的是先后存在的。除北汉地处北方的山西以外，其他都在南方。北宋建立后，先后扫灭了当时还存在的南平、后蜀、南汉、南唐、吴越、北汉等地方割据政权，

统一了全国。

1. 五代十国时期的经济

五代十国时期，北方内乱，外族入侵，天灾不断。南方摆脱[1]了北方的经济负担，而且各国统治者都很重视生产，因此南方出现了若干个以大城市为中心的经济区域。蜀地是农业、工商业较发达的地区。江南两淮重农桑[2]、茶叶、水利与商业贸易，其中吴越、闽与南汉的贸易最为繁盛。湖广则靠卖茶和通商发展经济。这些区域彼此互通有无，并与华北甚至外国通商贸易，商业十分兴盛。因此，南方逐渐代替北方，成为中国的经济中心。南方诸国在人口、经济、文化与科技方面皆胜于北方五代。此后，南方经济胜于北方的局面再也没有转变过来。南方诸国发展经济，重视兴修水利、种植茶叶等经济作物，发展贸易、纺织业，钱塘江石塘也是在这个时期兴建的。

2. 南唐后主李煜（Lǐ Yù）

五代十国是词的重要发展时期。后蜀和南唐词人较多，水平也较高。南唐最后一位皇帝李煜①是这一时期重要的词人。

唐朝晚期和五代的词大都描写统治阶级的享乐生活，其题材庸俗，境界[3]狭窄，风格柔靡[4]。李煜前期的作品也是如此，但他在亡国被俘以后写的词，或慨叹[5]身世，或怀念往昔[6]，形象鲜明，语言生动，把伤感之情写得很深挚[7]，突破了唐末以来专写风花雪月[8]、男女之情的局限，在内容和意境两方面都有创新，为宋词的发展开拓了新的境界。

虞美人

（南唐）李煜

春花秋月何时了，往事知多少？小楼昨夜又东风，故国不堪回首月明中。

雕栏玉砌应犹在，只是朱颜改。问君能有几多愁？恰似一江春水向东流。

二、宋 朝

宋朝（960 年—1279 年）分北宋和南宋两个时期，共经历了十八位皇

---

① 又称南唐后主、李后主。

帝，历时319年。

北宋（960年—1127年）定都开封府，是中国历史上继五代十国之后的朝代，共传九位皇帝。靖康（Jìngkāng）元年（1126年）发生靖康之难，1127年被金国灭亡，北宋共存在167年。北宋覆亡[9]后，赵构于南京应天府（今河南商丘）称帝，后又以临安（今浙江杭州）为都，史称南宋，共传九位皇帝，存在152年。南宋与北宋合称宋朝，又称两宋，因皇室姓赵，也称赵宋。

宋朝是中国历史上商品经济、文化教育、科学创新高度繁荣的时代。据测算，1000年时中国国内生产总值（Gross Domestic Product，简称GDP）总量为265.5亿美元，占当时世界经济总量的22.7%，人均GDP为450美元，超过当时西欧的400美元。后世虽认为宋朝"积贫积弱[10]"，但宋朝民间的富庶与社会经济的繁荣程度实际上远远超过盛唐时期。

宋代儒学复兴，科技发展迅速，政治开明[11]，且没有严重的宦官专权和军阀割据，兵变、农民起义也相对较少。北宋因推广占城稻而使人口迅速增长。

1. 经济繁荣的宋朝

宋朝的经济繁荣程度可谓前所未有[12]，农业、印刷业、造纸业、丝织业、制瓷业均有较大发展。航海业、造船业成绩突出，海外贸易发达，和南太平洋、中东、非洲、欧洲等地区50多个国家通商。宋朝对南方大规模的开发，促进了经济重心的南移。

长江流域和珠江流域农业发展迅速。一些北方农作物如小米、麦子、大豆等传到南方。棉花盛行于今福建、广东地区。茶叶遍及今江苏、浙江、安徽、福建、江西、湖北、四川、湖南、重庆等地。种桑、麻和养蚕的地区也在增加。南宋时太湖地区的稻米产量居全国之首，有"苏湖熟，天下足"之说。甘蔗种植遍布今江苏、浙江、福建、广东、广西等地，糖已成广泛食用的食品。

宋朝官窑、民窑遍布全国。在瓷器上雕画花纹是北宋时的新创。宋瓷不仅是生活用品，而且是精美的工艺美术品。北宋瓷器大量运销国外。后来，在亚非各地都有大量瓷器出土，证明瓷器是当时的重要输出品。时至今日，宋瓷已成为中国古代著名的艺术品，享誉[13]海内外。宋朝的丝、麻、毛纺织业都非常发达；造船技术水平是当时世界之冠；商业繁盛，通行的货币有铜钱、白银，还出现了纸币。

北宋的都城繁华、美轮美奂[14]，是当时世界上最大、最热闹的城市之一。张择端的《清明上河图》将当时的东京城描绘了下来，从宁静的郊区，到热闹的城区、皇家花园，市井生活场景都一一描绘在这长528厘米、宽24.8厘米的长卷中。

北宋都城东京（选自张择端《清明上河图》）

2. 以钱换和平的宋朝

宋朝的经济很繁荣，文化也非常灿烂，可在军事方面却很弱。面对周边政权的侵犯，宋朝总是希望用钱换取一时的和平。

北宋时期，北有辽，西北有西夏，这些游牧[15]民族都非常擅长骑马打仗。而北宋的军事实力却不如它们。因此，宋和辽之间发生多次战役，宋总是胜少败多，久而久之，宋对辽产生了畏怯[16]心理。1005年，宋和辽订立盟约，规定宋每年给辽白银十万两，绢二十万匹。由于盟约是在澶渊[Chányuān，今河南濮阳（Púyáng）]订立的，所以也叫"澶渊之盟"。

不久，西夏也蠢蠢欲动[17]，开始接二连三[18]地挑衅[19]宋。可宋还是几乎每战必败，最后只好恳求[20]西夏别再打了。西夏也像辽一样，要宋用钱来买和平。于是宋每年也要送给西夏无数的白银、布匹和茶。

11世纪末12世纪初，东北部的金逐渐强大起来，它联合宋一起攻辽。金一路胜仗，灭辽，并按照约定把之前五代十国时期送给辽的燕云十六州还给宋。宋则又开始了用钱财换和平的做法，每年送给金无数白银和布匹，另外还要把燕京地区的税收送给金。

然而宋用钱换来的和平终究是一时的。贪得无厌的金很快就攻陷了宋的都城,并俘获[21]了皇帝和皇室人员。宋只好迁都杭州。后来的南宋皇帝并没有吸取北宋灭亡的教训,不但没有加强自己的军事实力,反而杀害抗金名将岳飞,并向金议和,每年继续送给金无数的白银和绸缎,以换取短暂的和平。最后,南宋被元朝灭亡。

3. 宋朝的科技

在整个社会经济、文化的推动下,宋朝的科学技术得到了长足的进步。两宋的科技成就不仅成为中国古代科学技术史上的一个高峰,在当时的世界内也居于领先地位。推动人类文明发展的中国四大发明,在宋朝得到改进和应用。

宋朝的商业很发达,住在沿海一带的人,经常乘着装满金银、丝绸、瓷器等物品的船,漂洋过海航行到异国他乡,和外国人交换香料、药材、象牙、珠宝等。他们的船大的可以载满一千人。当时为什么只有中国的船才能航行这么远呢?原来,中国的船上装着指南针。这根细细小小的针是用磁铁做的,把它放在刻有方位的盘子里,就是指南针了。有了指南针,船员不再靠日月星辰来辨别[22]方向,船只就可以在大海上准确无误地航行了。

中国人很早就发明了火药。到了宋朝,火药被制成武器,威力很大。比如,毒火烟球可以散发毒气和浓烟,让敌人中毒并迷失方向。蒺藜(jí li)火球可以阻断道路,防止敌人兵马前进。此外,还有霹雳火球、火箭、火炮等,常用来燃烧敌人的仓库、粮草。这些火药和火器,后来经阿拉伯人传到欧洲。

11世纪中期,毕昇(Bì Shēng)发明了活字印刷术。他将黏土做成小块,在每块上刻一个字,将其烧硬后排列成字版。在书印完之后,那些字块还可以取下来,等印刷下一本时重新组合成新的字版。这项技术使印刷术得到普遍推广。

北宋科学家沈括一生致力于科学研究,在众多学科领域都有很深的造诣[23]和卓越的成就,被誉为"中国整部科学史中最卓越的人物"。其代表作《梦溪笔谈》,是一部涉及古代中国自然科学、工艺技术及社会历史现象的综合性笔记体著作。这本书在世界文化史上有着重要的地位。

4. 文学与艺术

宋朝文学十分发达,在诗、词、散文等方面都有伟大成就。宋朝的诗虽不如唐朝那么多,但也有自己的特色,即较唐诗更注重思考和理性。让宋朝散文走向兴盛的大师是欧阳修。欧阳修的散文主旨明确、内容充实、平易自然,为宋朝的散文风格奠定了基调。苏轼(Sū Shì)的文章洒脱[24]自然,清新豪放之中又带了一些忧郁,他的《赤壁赋》对文学界有着很深的影响。词是曲子词的简称,也称长短句。根据《全宋词》的记录,宋朝词人达到一千三百三十家,作品及残篇总计两万零四百多首。词是宋朝文学的标志性体裁[25]。

中国画特别是山水画到了宋代已经非常成熟。宋朝的山水画不仅描绘风景,还强调画中的意境。山水画大师掌握了如何构造仔细拟真的近景,并且利用穿插云间的高山流水制造无限的远景。当然,两宋画风不同。北宋山水画多灿烂辉煌,质感强烈,时而柔和温雅,时而气势宏大。后来慢慢走向追求自我表现,追求意境,追求神似。南宋山水画多描绘秀丽的江南山水景色,构图简约,但花鸟画则更趋严谨精致。

宋朝书法主张抒发胸臆[26],注重哲理性、书卷气与意境表现,同时也提倡个性化和独创性,代表人物有黄庭坚、苏轼、米芾(Mǐ Fú)等。

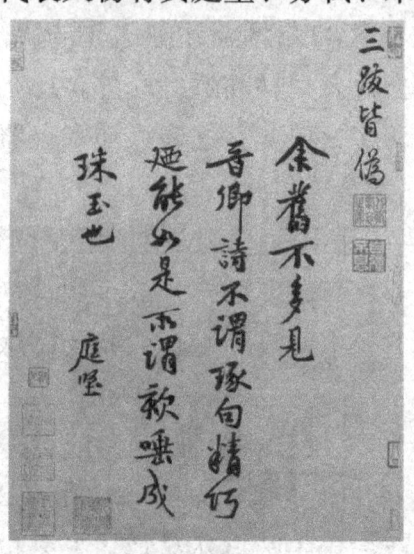

黄庭坚书法作品

5. 海外贸易和对外交流

由于西夏阻隔了西北的丝绸之路，加上经济重心的逐渐南移和造船技术的发展，从宋朝开始，东南沿海的港口成为新的贸易中心。宋朝先后在今广州、杭州、泉州、苏州、温州和嘉兴等地设立专门的机构管理海外贸易。泉州在南宋晚期更是一跃成为世界第一大港和海上丝绸之路的起点。

宋朝时期与中国通商的国家涉及亚洲、欧洲等近六十个。宋朝出口的货物包括丝绸、瓷器、糖、纺织品、茶叶、五金等，进口的货物包括象牙、珊瑚、玛瑙、珍珠、乳香、安息香、胡椒、琉璃、玳瑁等。南宋还在与金国和大理国的交界处设立榷场（què chǎng）来互通有无。宋朝出口药材、茶叶、棉花、犀角、象牙等物品，进口珍珠、人参、毛皮、马匹等货物。同时，民间也有大量的走私(27)贸易。

青白瓷托盘（来源：湖北省博物馆）

宋朝铜钱由于信用好，被大量走私到东南亚和西亚，而当时的朝鲜和日本更是停用自己的通货，改用宋朝的钱币。

三、辽、西夏和金

1. 辽朝

辽（907年—1125年）是中国历史上由契丹族建立的朝代，曾使用契丹或辽为国号。

辽初期的疆域在今辽河流域上游一带，后不断对外扩张。938年，辽取得燕云十六州，并一度占有中原。1005年，辽与北宋订立"澶渊之盟"，最后确定了与北宋的边界。辽强盛时，疆域东到日本海，西至阿尔泰山，北到额尔古纳河一带，南到河北中部的白沟河。

契丹族本是游牧民族，后来也学会了农耕。契丹统治者为了保持民族性而把游牧民族和农耕民族分开管理。同时，为了统治当地汉族，辽太宗采取"因俗而治"的方式，实行契丹人和汉人分治、南北两面官的两院制。

辽境内农作物品种齐全，既有粟、小麦、稻、稷（jì）等粮食作物，也有蔬菜瓜果。他们借鉴和学习中原的农业技术，引进作物品种，还从回鹘（Huíhú）[①]引进了西瓜、回鹘豆等瓜果品种，结合北方气候特点形成了一套独特的作物栽培技术。

辽的畜牧业十分发达，其牧业经济得到了较大发展。牧业是契丹牧民的生活来源，也是辽武力强盛的物质条件。

辽的冶铁业发达。发掘出土的辽地的铁制农具、炊具、马具、手工工具可与中原的产品相媲美[28]。辽东是辽铁的重要产地，促进了辽冶铁业的发展。随着农业、畜牧业、手工业的发展，辽与周边各政权、各民族等的商品交换逐渐频繁，商业活动也日益活跃，其经济往来多以朝贡[29]和互市的方式进行。由于商业的发展，辽境内也出现了富有的商人阶层，他们与汉人通商，把马、羊卖给汉人，从汉人那里换回丝绸、茶、药品等物资。

从辽太祖耶律阿保机（Yēlù Ābǎojī）在位时起，契丹人就有了自己的文字，开始保存自己的文化。此外，辽还吸收渤海国、五代、北宋、西夏以及西域各国的文化，有效地促进了其政治、经济和文化各个方面的发展。

1125年，辽为金所灭。

2. 西夏

西夏（1038年—1227年）是由党项人在中国西北部建立的朝代。前期和辽、北宋并立，后期与金并立，1227年被蒙古所灭。

西夏疆域在今宁夏、甘肃、青海东北部、内蒙古西部以及陕西北部地区。在对外关系上，西夏表面上对辽、宋、金称臣，实则对内独立称帝。西夏前期与辽和北宋经常发生战争，保持三国鼎立的局面，后期与金并立，末期受蒙古的威胁。

[①] 回纥，中国古代少数民族部落，维吾尔族祖先。

第十一课　五代十国和宋、辽、西夏、金

西夏的国家体制和统治方式深受儒家政治文化的影响。

西夏印刷业颇为发达，西夏人为了吸收汉族文化，并且维护自己的文化，用西夏、汉两种文字雕印书籍。

西夏的畜牧业十分发达。由于党项族是游牧民族，其农业较畜牧业晚发展，故农牧并重是西夏社会经济的特色。西夏还设立群牧司专门管理畜牧业。西夏手工业门类比较齐全，以纺织、冶炼、金银、木器制作、采盐、酿造、陶瓷、建筑等为主，兵器制造业也较为发达。西夏的青白盐是宋夏边境地区人们最喜欢的商品，也是西夏重要的财源之一。

3. 金朝

金朝（1115年—1234年）是中国历史上由女真族建立的统治中国北方和东北地区的封建王朝。1115年，女真领袖完颜阿骨打（Wányán Āgǔdǎ）即皇位，国号大金。金的西面与西夏、蒙古等接壤[30]，南面与南宋对峙。1125年灭辽，1127年又发动靖康之变，灭北宋。1234年，金在南宋和蒙古的南北夹击下灭亡。

金奠定了中国北方疆域的基础，对于确定后来中国北方的版图起到了奠基性作用。金鼎盛时期的疆域包括中国东北、华北、关中以及俄罗斯远东地区，南至大散关、淮河一线，东临日本海。

金非常重视农业生产，把发展农业作为军事扩张的基础，视中国东北地区为粮仓，学习使用中原地区的生产工具和耕作技术。随着铁制农业生产工具的广泛使用，金的农业得到很大发展，农作物品种也日益增多。金朝初期不种谷和麦，只种稷子等春粮。后来开始种植小麦、粟、黍（shǔ）、稗（bài）、麻、菽（shū）类等，蔬菜有葱、蒜、韭（jiǔ）、葵（kuí）、芥（jiè）、瓜等。金的畜牧业也十分发达。金的手工业生产如陶瓷、矿冶、铸造、造纸、印刷等，都有较大的发展。

由于生产经济的恢复和发展，金的商业日益繁盛，并与西夏和南宋开展贸易。金主要向南宋输出皮革、人参、纺织品等商品，南宋向金输入茶、药材、丝织品等商品。随着贸易的发展，金还出现了四大商业中心，即会宁府、金中都、开封府与济南府。

金在文化方面也快速汉化，杂剧与戏曲有相当的发展，金院本为后来元杂剧的发展打下了基础。

▶ 生词表

（1）摆脱（bǎi tuō）：脱离（牵制、束缚、困难等不利的情况）。

（2）农桑（nóng sāng）：农耕与蚕桑。

（3）境界（jìng jiè）：事物所达到的程度或表现的情况。

（4）柔靡（róu mí）：柔弱萎靡。

（5）慨叹（kǎi tàn）：有所感触而叹息。

（6）往昔（wǎng xī）：从前。

（7）深挚（shēn zhì）：深厚而真诚。

（8）风花雪月（fēng huā xuě yuè）：指男女情爱的事。

（9）覆亡（fù wáng）：灭亡。

（10）积贫积弱（jī pín jī ruò）：（国家、民族）长期贫穷、衰弱。

（11）开明（kāi míng）：原指从野蛮进化到文明，后来指人思想开通，不顽固保守。

（12）前所未有（qián suǒ wèi yǒu）：历史上从来没有过。

（13）享誉（xiǎng yù）：享有盛誉。

（14）美轮美奂（měi lún měi huàn）：形容新屋高大美观，也形容装饰、布置等美好漂亮（轮：高大；奂：文采鲜明）。

（15）游牧（yóu mù）：不在一个地方定居，随着水草情况的变化而变换地点放牧牲畜。

（16）畏怯（wèi qiè）：胆小害怕。

（17）蠢蠢欲动（chǔn chǔn yù dòng）：指敌人准备进行攻击或坏人策划破坏活动。

（18）接二连三（jiē'èr lián sān）：一个接着一个，形容接连不断。

（19）挑衅（tiǎo xìn）：借端生事，企图引起冲突或战争。

（20）恳求（kěn qiú）：恳切地请求。

（21）俘获（fú huò）：俘虏和缴获。

（22）辨别（biàn bié）：根据不同事物的特点，在认识上加以区别。

（23）造诣（zào yì）：学问、艺术等所达到的程度。

第十一课 五代十国和宋、辽、西夏、金

（24）洒脱（sǎ tuō）：（言谈、举止、风格）自然；不拘束。

（25）体裁（tǐ cái）：文学作品的表现形式。可以用各种标准来分类，如根据有韵无韵可分为韵文和散文；根据结构可分为诗歌、小说、散文、戏剧等。

（26）胸臆（xiōng yì）：指心里的话或想法。

（27）走私（zǒu sī）：违反海关法规，逃避海关检查，非法运输货物进出国境。

（28）媲美（pì měi）：美（好）的程度差不多；比美。

（29）朝贡（cháo gòng）：君主时代藩属国或外国的使臣朝见君主，敬献礼物。

（30）接壤（jiē rǎng）：交界。

思考题

1. 五代十国和宋朝时期，你的国家正处于什么历史时期？
2. 你觉得用钱买来的和平能长久吗？
3. 你听说过宋朝时期中国的"三大发明"吗？你觉得它们的作用是什么？它们对你的国家有没有影响？

第十二课　元　朝

元朝（1206年—1368年），是中国历史上首次由少数民族建立的大一统王朝，统治者为蒙古族，定都大都（今北京）。从1206年成吉思汗建立蒙古政权始为162年，从1271年忽必烈定国号为元开始历时97年。

元朝时期，中国的多民族进一步融合，疆域之大也超越了之前的任何一个朝代。元朝实行行省制度，开中国行省制度之先河。元朝商品经济和海外贸易比较繁荣，与多国交往频繁，各地派遣的使节、传教士、商旅等络绎不绝[1]。在文化方面，元朝时出现了元曲等文学形式，其内容更加趋向世俗[2]。

一、成吉思汗和忽必烈

蒙古族是中国北方一个古老的民族。蒙古草原的众多蒙古部落原为金的臣属[3]。随着金的衰落，蒙古部落也开始壮大起来，逐渐脱离金政权的统治。蒙古领袖铁木真通过十多年的战争，统一了蒙古草原各部。1206年，铁木真被各部推举为蒙古的大汗（dà hán），被尊称为"成吉思汗"，意思是"坚强的君主"或"天赐的君主"。铁木真在漠北建立政权，国号大蒙古国。从此，蒙古草原结束了长期混战的局面。大蒙古国成立后，不断发动对外扩张的战争。1218年，蒙古灭西辽。1219年，成吉思汗西征中亚花剌子模，一直打到东欧的伏尔加河流域，并于1225年东归。1227年，蒙古灭西夏，成吉思汗也在对西夏的远征中去世。成吉思汗建立的横跨亚欧大陆的大蒙古国国力强盛，军事行动波及欧洲的多瑙河（the Danube）流域，对世界历史发展进程产生了重大影响。

成吉思汗死后，他的第三个儿子窝阔台（Wōkuòtái）继承了汗位。蒙古军队相继消灭西夏和金国，统一了整个中国北方地区。1241年，西征的蒙古军队一度逼近东欧腹地[4]。1246年，招降[5]吐蕃。1260年，成吉思汗的孙子忽必烈（Hūbìliè）继承了汗位，1264年建都大都。1271年，忽必烈正式称皇帝，建立元朝。忽必烈就是元世祖。元世祖逐步巩固对北方的统治之后，集中力量攻打南宋，于1279年灭掉南宋，实现了统一。

元太祖成吉思汗画像

二、元朝的疆域

元朝拥有中国历史上最大的疆域。除了忽必烈在中国建立的元朝之外，蒙古人还先后建立了四大汗国，即钦察（qīn chá）汗国、阔窝台汗国、察合台汗国和伊利汗国。其中，每个汗国都有自己的领土，在名义上仍然受元朝皇帝管辖。后来，汉地、漠南、漠北、东北、新疆东部、青藏高原、澎湖群岛、济州岛及南海诸岛皆在元朝统治范围内。

三、元朝的行省制度

1279年，元朝统一中国后，元世祖忽必烈就对中央和地方的行政机构进行了改革。

他先在中央设立中书省,为最高的行政机构;将全国划分为由中书省所直辖的京畿地区[①],由宣政院(初名总制院)所管辖的吐蕃地区,以及十个行省。这十个行省分别为岭北行省、辽阳行省、甘肃行省、陕西行省、河南江北行省、湖广行省、四川行省、云南行省、江浙行省、江西行省。元朝政府还设置了澎湖巡检司,管辖台湾与澎湖,这是台湾归属中国中央政府管辖的开始。

元朝行省制度的建立,使中央集权在行政体制方面得到保证,地方政治制度进入划省而治的阶段。这种制度加强了中央与行省、行省与行省之间的联系,使元朝中央对边疆少数民族地区的管理比以前任何朝代都有效,从政治上巩固了国家统一,有利于统一多民族国家的稳定和发展。这是中国行政制度的一大变革,对后世影响巨大。省作为地方一级行政区的名称,一直沿用至今。

四、元朝的种族等级制度

在封建制度里,贵族处于最高统治地位,当蒙古人侵占其他国家并建立政权后,就出现了包括蒙古贵族在内的多个民族贵族并立的情况,由此产生了帝国该由谁统治的问题。元朝为维护蒙古贵族的专制统治权,采用"民分四等"的政策,把统治区域内的人分为四等:一等蒙古人,二等色目人,三等汉人,四等南人。这一政策的目的是维护蒙古贵族的特权。

四等人制度	
等级	民族
第一等	蒙古人
第二等	色目人(蒙古以外的西北、西域各族人,包括西夏、畏兀儿、回回等)
第三等	汉人(北方的汉族,也包括已入居中原的契丹、女真人)
第四等	南人(原南宋统治区的居民)

除此之外,元朝还有一系列不平等的政策和规定。比如禁止汉人打猎、

---

① 河北、山东、山西及漠南部分地区。

学习拳击武术、持有兵器（例如数家才可共用一把菜刀）、集会拜神、赶集赶场做买卖、夜间走路等；杀蒙古人的偿命，杀色目人的罚黄金四十巴里失，而杀死一个汉人只要缴一头毛驴的价钱；汉人如当兵则不许充宿卫[6]，如当官也往往只能做副贰[7]（虽然实际上存在很多例外情况）。遇到征伐战争，差别待遇则更加不同。1286年，为了进攻安南，朝廷征用全国马匹，色目人三匹马中只征两匹，而汉人的马，无论多少，全部征收。以后朝廷不断征马，每次如此，汉人的马就逐渐成为珍品[8]。

地方政府首长全由蒙古人担任，当蒙古人不够分配时，则由中亚人担任。蒙古官员大多是世袭的，每一个蒙古首长，如州长、县长，所管辖的一州或一县，就是他的分封采邑[9]，汉人则是他的农奴，他们对汉人没有政治责任，更没有法律责任。

不过这种等级制度说到底还是为了维护贵族和地主阶级利益而采取的政策。虽然法令禁止汉人持有兵器，但少数汉族地主的待遇和蒙古贵族差不多。相反，许多蒙古贫民生活却很困苦。到了元朝中叶，常有大批蒙古贫民在大都、通州等地被贩卖，色目人中也有不少沦为奴仆的。

五、元朝的经济

元朝整体生产力虽然不如宋朝，但在生产技术、垦田面积、粮食产量、水利兴修以及棉花广泛种植等方面都取得了较大发展。

蒙古人原来是游牧民族，草原时期以畜牧为主，经济单一，无所谓土地制度。蒙古可汗进入中原之初，进行残酷的屠杀和劫掠[10]，给北方地区的经济带来了很大的毁坏。在蒙古与金的战争时期，蒙古人曾打算杀尽汉人，把耕地都变为牧场。大臣耶律楚材（Yēlù Chǔcái）建议保留汉人的农业生产，以提供财政上的收入来源。这个建议得到成吉思汗的采纳。窝阔台之后，为了巩固对汉地的统治，实行了一些鼓励生产的措施，农业生产逐渐恢复。后来，元朝经济发展到以农业为主。经济作物棉花在江南一带得到广泛种植，实现了在南宋的基础上有所增加。

棉花等经济作物的种植及相关手工业的发展，使当时基本上自给自足[11]的农村经济，在某些方面渗入[12]了商品货币经济关系。但是，由于元朝政府集中控制了大量的手工业工匠来经营日用工艺品的生产，使得官营手工业特别发达，对民营手工业则有一定的限制。

元朝的商业发展与商品流通客观上具备一些独特的有利条件。空前统一的局面、对外关系的开拓以及畅达[13]四方的水陆交通，为中外商旅提供了优越的商业环境。此外，由于对商品交换依赖较大，同时受儒家轻商思想较少，故元朝比较重视商业，商品经济十分繁荣。中国成为当时世界上最富庶的国家之一，而元大都也成为当时闻名世界的商业中心。

为了适应商品交换，元朝建立起世界上最早的完备的纸币流通制度，纸币作为法定货币，与白银等一起通行全国。元朝是中国历史上第一个完全以纸币作为流通货币的朝代。然而当时也因滥发纸币造成了通货膨胀[14]。

"至元通行宝钞"纸币

商品交流也促进了元代交通业的发展，改善了陆路、漕运[15]、内河与海路交通。

六、开放的宗教信仰

元朝实行比较开放的宗教信仰政策，对境内各种宗教基本采取自由放任的态度。

蒙古人信仰一种称作喇嘛（lǎ ma）教的宗教，即藏传佛教。忽必烈当了皇帝后，就把它当作国教，尊称喇嘛教的领袖为国师。不过元朝统治者并没有逼迫民众信奉喇嘛教,反而鼓励信仰自由。当时信徒(16)最多、流行最广的宗教是伊斯兰教。

七、元朝发达的驿站

在蒙古人建立的庞大帝国里,生活着不同民族、不同地域的人,故而方言众多,全国各地的人说起话来谁也听不懂谁的。他们的文字,有的是横写,有的是直写,有的字句是从右往左看,有的字句是由左向右看。元朝统治者必须通过翻译来传达命令、讨论问题或接收消息,因此,一份公文,经常要翻译成多种文字,如汉文、突厥文、阿拉伯文、藏文、女真文、俄罗斯文等,否则彼此就无法沟通。为了传递信息、发送公文,元朝建立起很多驿站。

元朝的驿站遍布全国各地的交通要道,可以供应来来往往的消息传递者与商旅们吃饭、休息、住宿,并且还备有牛、马、驴、狗、鸽子以及车、轿、船等各种传递信息的工具。凡重要信息,都能一站一站、日夜不停地送达目的地。由于版图实在太大,据说当时由最西边的钦察汗国都城送一封信到元朝的京城大都,就要两百多天。

元朝幅员辽阔,经常需要传递指令(17)、信息,所以非常重视对驿站的管理。有些驿站是由政府授权(18)百姓来经营,经营者必须负责保养交通工具,喂养牲畜,提供过往的官员饮食与住宿,而国家则负责购买牲畜及交通工具。至于传递的文书,则有缓急之分,也有按事情大小及官位高低作为区别的。若遇到一种需要紧急传递的文书,每隔十里至二十五里就会设一个急递铺,铺卒的腰上挂有铃铛,赶路时人车都得避开。他们就像接力赛那样飞奔传讯,一天之内要传大约四百里那么远。

八、文学与艺术

元朝的城市繁华,统治者不大重视科举与文学,当时社会提倡以歌舞戏曲作为大众的娱乐品,这些都使宋、金以来的戏曲升华为元曲。因此,元朝文学以元曲与小说为主,于是叙事性文学如戏曲、小说第一次占据了主导地位。元朝的诗词成就相对较少，内容比较贫乏[19]。

元曲，即元朝的戏曲，分成散曲与杂剧，散曲具有诗歌般的独立生命。散曲是元代的新体诗，也是元代一种新的韵文[20]形式，以抒情为主，可以单独唱，也可以融入戏剧，与唐宋诗词关系密切。元曲最后成为与汉赋、唐诗、宋词并列的中国优秀文学遗产[21]。

当时比较有名的散曲家有关汉卿、马致远、张可久、乔吉等。作品如《南吕·一枝花·不伏老》反映了作者乐观和顽强[22]的精神；张可久的《凭阑（píng lán）人·江夜》追求文字奇巧，脱离了散曲特有的风格；乔吉《水仙子·重观瀑布》中的景物描写雅俗兼备，出奇制胜[23]。描写自然景物最著名的散曲，当数马致远的《天净沙·秋思》。《天净沙·秋思》刻画出一幅秋郊夕照图，情景交融，色彩鲜明，被称为"秋思之祖"。

天净沙·秋思
（元）马致远

枯藤老树昏鸦，
小桥流水人家，
古道西风瘦马。
夕阳西下，
断肠人在天涯。

杂剧则具有戏剧般的独立生命。杂剧是元代的歌剧，产生于金末元初，发展和兴盛于元大德年间，有数百本之多。元朝后期，杂剧的创作中心逐步南移，加强了与南戏的交流，到元末发展成为传奇，至明清时发展出昆剧和粤剧。

元朝杂剧五大名家除了关汉卿与马致远之外，还有白朴、王实甫（Wáng Shífǔ）与郑光祖（其中关、白、马、郑被称为"元曲四大家"），有名的作品有《窦娥冤》《拜月亭》《汉宫秋》《梧桐雨》《西厢记》《倩女离魂》等，主要表现社会与生活情况，歌颂历史人物与事件，强调人物的情感。

元朝时，华北诞生了元曲，江南则出现了以浙江为中心的文人阶层，孕育出《三国演义》《水浒传》等长篇小说。

在书法和绘画方面，以赵孟頫（Zhào Mèngfǔ）成就最高。他对诗文音律无所不通，书画造诣极高，成为元代的画坛领袖。其绘画取材广泛，技法全面，山水、人物、花鸟无不擅长。他倡导复古[24]，强调"书画同源"，主张师法自然，其绘画、书风和书学主张对当时及后世影响深远。

八、国际交往

蒙古建立了连通欧亚两大陆、衔接[25]三大洋（太平洋、印度洋和北冰洋）的超级帝国，使东方与西方的交通出现了前所未有的发达景象。元朝建立后，金帐汗国与伊利汗国虽然逐渐独立，但仍然与元朝保持着政治、经济和文化的联系，商人、传教士与使节的往来更为频繁。元朝与亚、非、欧三大洲的许多国家建立了联系，文化交流的范围也空前扩大。

元朝与各国外交往来频繁，各地派遣的使节、传教士、商旅等络绎不绝，其中威尼斯商人尼科洛及其弟弟马费奥、其子马可·波罗得到元朝皇帝宠信，在元朝担任外交专使。

马可·波罗是忽必烈时代中西方交流中最有名的基督徒。他声称于1275年到达中国，他的著作《马可·波罗行纪》是当时许多欧洲人了解中国的唯一渠道。马可·波罗称他的父亲和叔叔比他先到达中国。他们于1252年离开威尼斯，在君士坦丁堡做了几年生意，并且于1265年下半年或者1266年上半年到达忽必烈的宫廷之前在中亚等地旅行。

九、元朝的灭亡

元朝初期持续对外扩张，但均遭失败。元朝中期皇位继承顺序紊乱[26]、政变频繁，政治始终未走上正轨。元朝后期政治腐败，民族矛盾与阶级矛盾日益加剧，导致元末农民起义爆发。1368年，朱元璋建立明朝，随后北伐驱逐[27]元廷，攻占大都。此后，元残部退居漠北，史称北元。1402年，元朝的大臣鬼力赤篡夺政权建立鞑靼（Dádá），北元灭亡。

生词表

(1) 络绎不绝（luò yì bù jué）：（人、马、车、船）前后相接，连续不断。

(2) 世俗（shì sú）：指人世间（对"宗教"而言）。

(3) 臣属（chén shǔ）：意思为臣下。

(4) 腹地（fù dì）：靠近中心的地区；内地。

(5) 招降（zhāo xiáng）：号召敌人来投降。

(6) 宿卫（sù wèi）：值宿守卫。

(7) 副贰（fù'èr）：通常指中国古代官职体系中的副手或助手。

(8) 珍品（zhēn pǐn）：珍贵的物品。

(9) 采邑（cài yì）：亦称"采地"。中国古代诸侯封赐所属卿大夫作为世禄的田邑（包括土地上的劳动者）。盛行于周。封邑大小按封爵等级而定。卿大夫在采邑内享有统治权利并对诸侯承担义务。

(10) 劫掠（jié lüè）：抢劫掠夺。

(11) 自给自足（zì jǐ zì zú）：依靠自己的生产满足自己的需要。

(12) 渗入（shèn rù）：液体慢慢地渗到里面去；比喻某种势力无孔不入地钻进来（多含贬义）。

(13) 畅达（chàng dá）：（语言、文章、交通）通畅；顺畅。

(14) 通货膨胀（tōng huò péng zhàng）：国家纸币的发行量超过流通中所需要的货币量，引起纸币贬值，物价持续、普遍上涨的现象。简称通胀。

(15) 漕运（cáo yùn）：旧时指国家从水道运输粮食，供应京城或接济军需。

(16) 信徒（xìn tú）：信仰某一宗教的人，也泛指信仰某一学派、主义或主张的人。

(17) 指令（zhǐ lìng）：上级给下级的指示或命令。

(18) 授权（shòu quán）：接受委托行使做某事的权力。

(19) 贫乏（pín fá）：缺少；不丰富。

(20) 韵文（yùn wén）：指有节奏韵律的文学体裁，也指用这种体裁写成的文章，包括诗、词、歌、赋等（区别于散文）。

(21) 遗产（yí chǎn）：泛指历史上遗留下来的精神财富或物质财富。

(22) 顽强（wán qiáng）：坚强；强硬。

(23) 出奇制胜（chū qí zhì shèng）：用奇兵或奇计战胜敌人，泛指用对方意想不到的方法来取胜。

（24）复古（fù gǔ）：恢复古代的制度、风尚、观念等。

（25）衔接（xián jiē）：事物相连接。

（26）紊乱（wěn luàn）：杂乱；纷乱。

（27）驱逐（qū zhú）：赶走。

思考题

1. 学习这一讲之前你听说过成吉思汗吗？通过学习，你觉得他是什么样的人？

2. 你觉得元朝的等级制度怎么样？

3. 元朝是中国历史上第一个由少数民族建立并统治中国全境的朝代，你觉得元朝统治者的管理怎么样？

第十三课 明　朝

明朝（1368年—1644年）是朱元璋建立的统一的专制主义中央集权的封建王朝，也是中国历史上最后一个由汉族建立的封建王朝。明朝初期建都南京，明成祖时期迁都北京。我们现在看到的北京故宫（紫禁城）就是明成祖时期修建的。

明朝时期君主专制加强，多民族国家也进一步统一和巩固。明朝初期废除丞相，设立厂卫特务(1)机构，加强了专制主义中央集权，但同时也为明朝中后期的宦官专政埋下了伏笔。明朝时期的文化艺术越来越世俗化。

明代疆域东北抵日本海、外兴安岭，后缩至辽河流域；北达阴山，后撤至明长城；西北至新疆哈密，后退守嘉峪关（Jiāyùguān）；西南到达缅甸和暹罗（Xiānluó）北境，后折回(2)大概现在云南境内；在青藏地区设有羁縻(3)卫所，还曾收复安南。

一、明朝的政治管理制度

在明代以前，历朝大体上沿用先秦时期所创立的宰相制度，即君主之下设立相，以帮助管理国家的政治体制，只是相权力的形式和大小略有不同。明朝初年，也基本沿用之前的政治制度，直接按照元朝的管理体制，在中央设三大府——中书省、大都督府和御史台，分别管理政府、军事以及监察事务。地方设行中书省，管理地方事务。但朱元璋对此很不满意，他亲自设计、制定了几项重要的政治制度，对以往政治制度进行了大胆的变革和创新。后来的统治者为了便于管理，也设立了一些特别的政治管理制度。

1. 废除丞相，设立内阁

明朝洪武十三年（1380年），朱元璋废去丞相一职，并要求以后的皇帝子孙不能重新设立丞相。丞相废除后，六部直接向皇帝负责，相权与君权合二为一，明朝皇帝大权独揽。后来为了分担皇帝事务，明朝设立了内阁。

2. 设立特务机构

为了加强对大臣和社会的监督，洪武十五年（1382年），朱元璋设锦衣亲军都指挥使司，就是所谓的"锦衣卫"，作为护卫皇帝、皇宫的侍从[4]。为加强专制统治，他命令锦衣卫兼管刑狱，赋予他们巡察[5]捕缉的权力。后来，朱元璋的子孙又先后设立东厂、西厂、内行厂，与锦衣卫合称"厂卫"，实行令人恐怖的特务统治。

3. 文官集团势力强大和宦官专权

明朝的政治制度促使明朝文官集团的崛起和成熟，并逐渐成为左右朝廷政策的强大力量。这些精英[6]阶层经济上的独立性与思想上的独立性都在不断加强，单个精英或精英团体的利益与帝国的利益越来越难协调[7]一致，他们日益挑衅君主的权威。因此，明朝皇帝越来越难以控制文官集团，越来越难以随心所欲。为了维护君主，打击精英，出现了宦官口衔天宪[8]控制内阁的局面。宦官一再擅权[9]，他们反历史潮流而动，严重破坏生产力，破坏经济和社会的健康稳定。这些正是明代政治日益黑暗腐败的重要原因。

二、明朝的经济

明朝时期，农业、手工业和商业都得到了较好的发展，商品经济繁荣，大量商业资本转化为产业资本，出现商业集镇和资本主义萌芽。明朝在商业都市的发展规模、人口城市化的状况和市场化的程度等方面都有很大的进步。

　　明朝初期，明太祖进行了大规模的农田水利建设，推广桑、麻、棉种植，为手工业提供原料，农业生产也逐渐得到恢复。到了明朝中后期，在农业发展到较高水平以后，粮食单产提高了，农产品呈现出专业化、商业化趋势，一些经济作物的种植面积不断扩大。原来江南、广东的产粮区，由于大半甚至八九成的土地都用来种植棉花、甘蔗等经济作物而成为粮食进口区，其他一些地方则靠供给粮食成为商品粮食出口区。长江三角洲一带是当时桑、棉经济作物和手工业最发达的地区，但是有些地区粮食不足，各区域之间经常调剂粮食，甚至需从湖北、江西、安徽购买。

　　明朝中后期，由于农业生产技术的发展，粮食单位产量的提高，农业可以养活更多的人，促使部分农业人口脱离农业生产，进入城市，推动了城市手工业的发展，手工业的发展又促进了城镇化。明朝最早繁荣的手工业是棉纺织业。早在明初，江南的手工业便已相当发达，并且逐渐形成了一些以手工业为中心的城市。明朝中后期，随着都城的北迁，中原地带和华北地区，特别是环渤海湾一带的手工业也取得了令人瞩目的成绩。明朝手工业分官营与民营两种，其中官营又分中央管辖和地方管辖两大系统。在明朝，进步最快、规模最大的是矿冶、纺织、陶瓷、造船、造纸等行业，而明朝手工业最引人注目的特点是民营手工业的大规模兴起，并在明朝后期逐步取代了官营而在手工业市场上占有主要位置。

　　明代经济的一个显著特点，是商业经济在整个社会经济中地位的提高。明朝中后期，不少土地主缙绅[10]也逐步将资金投向工商业，"富者缩资而趋末"，以徽商、晋商、闽商、粤商等为名号的商帮亦逐渐形成，并在一定地区和行业中有着举足轻重的地位。有些商人把商业资本直接投资于生产中，并雇用了大量的雇工和奴仆从事生产，很多农民开始放弃农业生产，转而从事工商业。而国家征收的商税，已成为财政收入的一个不可或缺的来源。仅以钞关为例，1502年，全国钞关收入折合白银约八万两，占当年太仓库收入的百分之三左右；1597年达四十万七千五百两，约占太仓库收入的十分之一。由此可见，明朝商税在国家财政中的比重与日俱增。

三、明朝的八股文

八股文是指文章的八个部分,其文体有固定格式,即由破题、承题、起讲、入题、起股、中股、后股、束股八部分组成,题目一律出自"四书五经"中的原文。后四个部分中的每部分都有两股排比对偶的文字,合起来共八股。旧时科举考试中的八股文要用孔子、孟子的口气说话,四副对子平仄[11]对仗[12],不能用风花雪月的典故亵渎[13]圣人,每篇文章包括从起股到束股四个部分。

八股文不仅体制僵死[14],而且要"代圣贤立言",即揣摩[15]圣人孔、孟和贤人程、朱的语气说话,因而八股文多半含混生涩、似通非通。八股文没有诗、赋、论、策等文体那种熠熠文采[16]和酣畅[17]气势,而是晦涩[18]枯燥,有些词句甚至很难准确把握它的意义。典型的八股文风是啰啰唆唆,空疏无聊,同政治没有多少关联。明清统治者标榜"求实尚正",只许考生做"浑厚[19]老成"的死板文章,不得用诗赋式的华丽辞藻[20],不得引用经典以外的其他任何书籍。八股文没有诗赋策论那种旁征博引[21]、譬喻[22]联翩[23]的绚丽色彩,也不可有其他任何越出界限之处,甚至即使在经典之内,还有犯上、犯下的禁忌[24]。

明末清初著名思想家顾炎武认为,八股之害等于焚书,而败坏人才有甚于咸阳之郊。

四、郑和下西洋

明朝前期,中国是世界上最先进、最发达的国家之一。为了显示中国的富强,扩大明朝在海外各国的政治影响,加强与世界各国的联系,也为了满足明朝统治者对奇珍异宝的需求,明成祖朱棣派郑和多次出使西洋。

郑和,云南昆阳人,回族,小名三保,又称三保太监。他聪明好学,立过战功。明成祖非常信任他,派他出使西洋。1405年6月,郑和奉命第一次出使西洋。他率领两万多人,包括水手和士兵,还有技术人员、翻译等,携带大量的金、帛等货物,乘坐200多艘海船,从江苏太仓刘家港出发,先到占城（今越南中南部），一路经过南亚等国，然后到达红海沿岸，后从锡兰（Xīlán）、古里（今印度卡里卡特）回国。郑和第一次出使西洋历经两年，于1407年秋返回南京。

郑和的船队满载着金银珠宝、丝绸、瓷器等中国特产，每到一个国家或地区，郑和都把这些东西当作明朝的礼物送给他们，表达了和他们友好交往的愿望。西洋各国非常友好地接待了郑和和他的船队，有些国家还派使者跟随他前来朝见中国皇帝。同时，郑和也从各国换回了珠宝、香料等特产。明成祖对郑和的成绩非常满意。郑和前后7次出使西洋，最远到达了非洲东海岸和红海沿岸。

这一时期，南洋、西洋许多国家的国王、使臣和商队纷纷来到中国。郑和的远航也为人类航海史作出了巨大的贡献。他的第一次远航比哥伦布发现美洲大陆早87年，比达·伽马开辟东方新航路早93年，比麦哲伦航行到菲律宾早116年。因此，郑和下西洋是世界航海史上的创举，现在东南亚一带还有许多纪念郑和的建筑物，表达了人们对他的崇敬。

明朝初年，由于朱元璋的励精图治[25]，农业经济逐步恢复。手工业也有了很大的发展，矿冶、纺织、陶瓷、造纸、印刷各方面，都比以前有了不同程度的提高。此外，元末时江南地区已有相当规模的海船建造业，到明初更是建立起了规模庞大的官营造船业，除南京宝船厂外，苏州、松江、镇江等地均设有官厂。明初工商业的恢复和发展，宋、元以来中国海外贸易的发达，对外移民的增加，所有这一切，都为郑和下西洋准备了坚实的经济基础和物质条件。

广州等沿海的大都市发展得十分繁荣。在经济获得良好的发展之后，发展海外交通和海外贸易已经是十分迫切的事了。中国的丝织品、瓷器受到西洋诸国的欢迎，赢得了很高的声誉。而中国对不能自行生产的香料等物，也有了较大的需求。

科技条件方面，造船业的发达、罗盘的使用、航海经验的积累、大批航海水手的养成、航海知识的增加（明太祖命人于1389年编制的《大明混一图》就是实例）等，为郑和下西洋提供了必要条件。

根据《郑和航海图》记载，郑和使用的海道针经［24/48方位指南针导航[26]］结合过洋牵星术（天文导航），是当时最先进的航海导航技术。郑和的船队白天用指南针导航，夜间则用观看星斗和水罗盘定向的方法保持航向。对船上储存淡水，船的稳定性、抗沉性等问题都做了合理准备。

郑和下西洋是明代永乐、宣德年间的海上远航活动，首次航行始于永乐三年（1405年），末次航行结束于宣德八年（1433年），共计七次。

郑和下西洋是中国古代规模最大、船只和海员最多、时间最久的海上航行，也是15世纪末欧洲的地理大发现以前世界历史上规模最大的一系列海上探险活动。

五、戚继光抗倭和郑成功收复台湾

1. 戚继光抗倭

元末明初，日本的武士、商人和海盗，经常骚扰中国沿海地区，被称为倭寇。为防倭寇，朱元璋颁布了海禁政策。明朝中期，朝廷误以为这些倭寇是因为与海外进行国际贸易而出现的，因此就关闭了当时中国和海外的国际贸易。但合法的私人海外贸易也受到严厉限制，由此，中国东南沿海的一些奸商与倭寇相勾结，共同走私、抢掠、分赃[27]，倭患愈演愈烈。

戚继光画像

明朝派戚继光到浙东抗倭。他率领戚家军在台州九战九捷,取得抗倭斗争的重大胜利。后来,他又率军开赴福建、广东,与另一位抗倭名将俞大猷(Yú Dàyóu)连续重创倭寇。到1564年,东南沿海的倭寇基本剿清。

倭患平息后,朝廷鉴于对外贸易对沿海居民的重要性,逐步解除海禁,使民间走私贸易逐步合法化、正常化,国际贸易使中国逐渐进入世界贸易体系之中。

2. 郑成功收复台湾

1624年,荷兰殖民者进入台湾南部,筑热兰遮城。1626年,西班牙殖民者进入台湾北部。1642年,荷兰赶走西班牙,占领台湾大部。1661年,郑成功进攻台湾,次年驱逐荷兰人,设承天府,辖天兴、万年二县。

六、文学与艺术

1. 文学

明代文学以小说达到的艺术成就最高,创作了大量的以历史、神怪、公案、言情和市民日常生活为题材的长篇章回体小说和短篇的话本、拟话本。一些文人加工改写了宋元话本,还创作了拟话本。"三言""二拍"就是这种话本和拟话本的代表作。

《西游记》《水浒传》《三国演义》《金瓶梅》被称为中国古代小说的"四大奇书"。冯梦龙加工编辑了三部白话短篇小说集"三言"(即《喻世明言》《警世通言》《醒世恒言》),与"三言"类似的每部四十篇的短篇小说集还有凌濛初(Líng Méngchū)编著的"二拍",以及直到1987年才被发现的《型世言》(陆人龙编著)。

传统雅文学在明代继续发展。明代诗文数量浩如烟海[28],不仅作家众多,而且各成流派,著名文人有刘基、宋濂(Sòng Lián)、高启、方孝孺(Fāng Xiàorú)、唐寅(Táng Yín)、归有光、徐渭(Xú Wèi)、王世贞、袁宏道、钱谦益、张岱(Zhāng Dài)、吴伟业等,散曲家则有王磐(Wáng Pán)、冯惟敏、薛论道、陈译、康海等。

2. 戏曲

明中叶后，随着城镇经济的繁荣，为群众所喜闻乐见的戏曲又出现了新的发展，产生了许多具有进步意义的作品。明代剧作中最负盛名的是《牡丹亭》。明代流行的戏曲唱腔，主要有弋阳（Yìyáng）腔和昆山腔（昆腔）。昆腔本局限于吴中，嘉靖年间，著名音乐家魏良辅对昆腔进行改革，使它既集中表现了南曲轻柔婉转的特点，又保存了部分北曲激昂慷慨[29]的声腔，成了当时最有影响力的一种戏曲音乐。

3. 书法

明朝书法以行书和草书为主。明初书法崇尚工稳的小楷，并被推为科举楷则。明中期时吴中四家崛起，书法开始朝"尚态"方向发展。祝允明（Zhù Yǔnmíng）、文徵明、王宠与唐寅是这个时期的代表，书法开始迈入倡导个性化的新境域。晚明时书坛兴起一股批判思潮，书法上追求大尺幅[30]、震荡的视觉效果，有名的书法家有张瑞图、黄道周、王铎（Wáng Duó）、倪元璐（Ní Yuánlù）等。

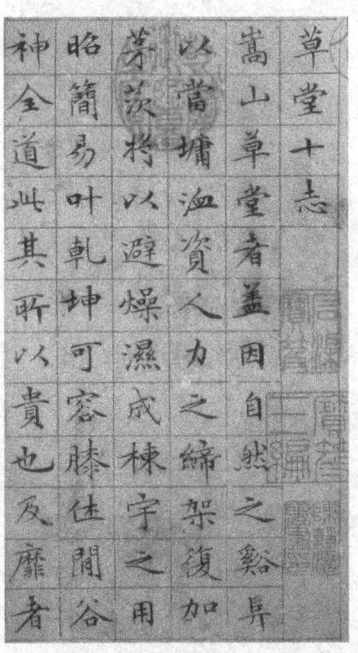

文徵明《草堂十志》（部分）

4. 绘画

明初，宫廷画家居画坛主流。15世纪中叶，"吴门四大家"沈周、文徵明、唐寅、仇英广泛吸取了唐、五代、宋、元诸派之长，形成了各具特殊风格的绘画艺术。他们又被后世称为"明四家"。

嘉靖时，杰出画家徐渭自辟蹊径[31]，创泼墨花卉。万历年间，吴门画家张宏开启实景山水写生之先河，在继承吴门画派风格和特色的基础上加以创新，画面清新典雅，意境空灵清旷。明末还有人物画家吴彬、丁云鹏、陈洪绶（Chén Hóngshòu）、崔子忠、曾鲸（Zēng Jīng），花鸟画家陈淳（Chén Chún）等。

沈周《庐山高图》

七、自然科学

1. 自然科学的成就

明朝时期，自然科学得到了很大的发展。

第十三课 明　　朝

　　1425 年—1430 年，《郑和航海图》汇制成功，这是中国重要的航海路线图。明朝末年，徐霞客（Xú Xiáké）开始写《徐霞客游记》。万历年间，徐光启撰《农政全书》。李时珍在《本草纲目》中记载了二百七十六种无机药物的化学性质以及药物提炼技术。宋应星在《天工开物》中记述冶炼技术时，把铅、铜、汞、硫等许多化学元素看作基本的物质，而把与它们有关的反应所产生的物质看作派生的物质，从而产生化学元素概念的萌芽。《天工开物》中还记载了中国古代冶金技术的许多成就，如冶炼生铁和熟铁（低碳钢）的连续生产工艺，退火、正火、淬火、化学热处理等钢铁热处理工艺和固体渗碳工艺等。方以智在《物理小识》卷七中记载了炼焦炭的方法："煤则各处产之，臭者烧熔而闭之成石，再凿而入炉，曰礁。"而欧洲到 1771 年才开始炼焦。

　　明代科学家徐光启重视演绎[32]推理，并把重点放在数学上，他认为数学是其他一切自然科学和工程学的基础。1629 年，崇祯①（Chóngzhēn）皇帝命徐光启等成立西局。同年 7 月，徐光启给崇祯皇帝上奏，提出"分曹"料理，即分学科研究的思想，并论述数学和其他科学的关系，以及数学在生产实践中的作用。他认为数学是"众用之基"，提出"度数旁通十事"，即治历、测量、音律、军事、理财、营建、机械、舆地、医药、计时。徐光启开展了以数学为根本，兼及气象学、水利工程、军事工程技术、建筑、机械力学、大地测量、医学、算学、音乐等学科的研究工作。

2. 西学东渐

　　明朝的海外交通发达，欧洲各国纷纷到中国的沿海通商，于是西方科学慢慢传入中国。当时，最著名的给中国人介绍西方科学知识的人当属天主教传教士意大利人利玛窦（Lìmǎdòu）。他来到中国后，把他在罗马学的地理、数学知识等传播给中国人，并和当时的科学家徐光启合译古希腊数学家欧几里得的一部不朽[33]之作《几何原本》。利玛窦还写成了《乾坤体义》等著作，为中国人介绍了很多西方的科学知识。此外，汤若望②等一批西方传教士亦为中国人介绍西方的科学知识，深深地影响了当时的中国学术思想。

---

① 即朱由检。明朝第十六位皇帝，也是明朝作为全国统一政权的最后一位皇帝，年号"崇祯"。
② Johann Adam Schall von Bell，德国人。

八、对外贸易和交往

1. 朝贡体系

明初逐步恢复了唐宋时期的朝贡制度,到明成祖时期开创万国来朝的外交局面,进一步完善了中华朝贡体系。

2. 郑和下西洋

为加强与海外诸国的联系,满足统治者对奇珍异宝的需求等,明成祖朱棣派郑和出使西洋。从 1405 年到 1433 年,郑和七次航海,访问亚非 30 多个国家和地区,最远到达红海沿岸和非洲东海岸地区。

3. 出使西域

明朝派遣吏部验封司员外郎陈诚出使撒马儿罕、吐鲁番、火州等西域十八国,并著述《西域番国志》《西域行程记》等,加强了明朝同世界各国经济、政治上的往来。

4. 开始对外贸易

新航路开辟以后,葡萄牙人于 1511 年占领了马六甲,愈加渴望与中国的往来。1513 年,葡萄牙国王派出一支对华使团前往中国,并于 1514 年在广州登陆,希望与明政府建交。当时明朝实行海禁政策,而葡萄牙船只全副武装,准备强行停泊广州。后来经过几次海战,葡萄牙战败,明武宗同意葡萄牙人在澳门开设洋行,修建洋房,并允许他们每年来广州"越冬"。这是西方国家第一次正式性地登陆并接触中国。

1553 年,葡萄牙人抵达澳门,获得停泊[34]船只权。1557 年,葡萄牙人取得租借权,要向明政府交付租金,明朝依然拥有澳门主权。

后英国等国家申请与明朝通商,欧洲各国陆续由海上来中国进行贸易。

九、明朝的灭亡

明朝末年，政治混乱，官员贪污腐化严重，农民起义的爆发和清朝入关导致了明朝的灭亡。

1. 李自成起义

明朝末期，政治混乱，地主阶级与农民阶级之间的矛盾日益突出。长期战争、清兵的掠夺以及自然灾害使农业减产，从而导致全国性饥荒。这些都加重了明朝百姓的负担。1627年，农民纷起暴动，拉开了明末农民起义的序幕[35]。而李自成起义是明末农民起义中重要的一支。1644年，李自成建国大顺，后率军北伐，攻克北京。崇祯皇帝在煤山自缢[36]，明朝灭亡。

2. 清朝入关

山海关守将吴三桂投降清军，清军大举入关，后击败李自成，攻占北京，逐步开始统治全国。

> **生词表**

（1）特务（tè wu）：经过特殊训练，从事刺探情报、颠覆、破坏等活动的人。

（2）折回（zhé huí）：返回。

（3）羁縻（jī mí）：指羁縻州，是中国古代朝廷在边远少数民族地区所设置的州。

（4）侍从（shì cóng）：指在皇帝或官员左右侍候卫护的人。

（5）巡察（xún chá）：巡行察访；巡视考察。

（6）精英（jīng yīng）：出类拔萃的人。

（7）协调（xié tiáo）：使配合得适当。

（8）口衔天宪（kǒu xián tiān xiàn）：比喻说话就是法律，可以决定人的生死。

（9）擅权（shàn quán）：独揽权力。

(10) 缙绅（jìn shēn）：古代称有官职的或做过官的人。

(11) 平仄（píng zè）：平声和仄声，泛指由平仄构成的诗文的韵律。

(12) 对仗（duì zhàng）：（律诗、骈文等）按照字音的平仄和字义的虚实做成对偶的语句。

(13) 亵渎（xiè dú）：轻慢；不尊敬。

(14) 僵死（jiāng sǐ）：僵硬而失去生命力。

(15) 揣摩（chuǎi mó）：反复思考推求。

(16) 文采（wén cǎi）：文学方面的才华。

(17) 酣畅（hān chàng）：畅快。

(18) 晦涩（huì sè）：（诗文、乐曲等的含意）隐晦不易懂。

(19) 浑厚（hún hòu）：（艺术风格等）朴实雄厚；不纤巧。

(20) 辞藻（cí zǎo）：诗文中工巧的词语，常指运用的典故和古人诗文中现成的词语。

(21) 旁征博引（páng zhēng bó yǐn）：为了表示论证充足而广泛地引用材料。

(22) 譬喻（pì yù）：比喻。

(23) 联翩（lián piān）：鸟飞的样子，形容连续不断。

(24) 禁忌（jìn jì）：犯忌讳的话或行动。

(25) 励精图治（lì jīng tú zhì）：振作精神，想办法把国家治理好。

(26) 导航（dǎo háng）：利用航行标志、雷达、无线电装置等引导飞机或轮船等航行。

(27) 分赃（fēn zāng）：分取赃款、赃物。

(28) 浩如烟海（hào rú yān hǎi）：形容文献、资料等非常丰富。

(29) 激昂慷慨（jī'áng kāng kǎi）：形容情绪、语调激动昂扬而充满正气。

(30) 尺幅（chǐ fú）：指小幅的纸或绢。

(31) 自辟蹊径（zì pì xī jìng）：自己开辟一条路，比喻独创一种新风格、新方法或体裁。

(32) 演绎（yǎn yì）：一种推理方法，由一般原理推出关于特殊情况下的结论。

(33) 不朽 (bù xiǔ)：永不磨灭（多用于抽象事物）。

(34) 停泊 (tíng bó)：（船只）停靠；停留。

(35) 序幕 (xù mù)：比喻重大事件的开端。

(36) 自缢 (zì yì)：上吊自杀。

思考题

1. 请思考明朝时期科技发展和西方科技发展的不同方向。
2. 请你谈谈对郑和七次下西洋的看法。
3. 明朝时期的八股文对后世影响很大，请谈谈你对八股文的了解。

第十四课　1840 年前的清朝

清朝是中国历史上最后一个大一统的封建王朝，由女真族①建立。1616年，女真建州部首领努尔哈赤②于赫图阿拉（在今辽宁新宾）继位称汗，建立大金，史称后金。努尔哈赤死后，子皇太极继位。1635 年改族名女真族为满洲族。次年，改国号为清。

自皇太极改国号为清算起，至清朝最后一个皇帝溥仪③（Pǔyí）退位，清朝存在了 275 年，都城设在北京。以 1840 年鸦片战争为界，清朝分为晚清和晚清之前的时期。这一时期，欧洲各国相继走向了工业化道路，清朝政府造就了中国古代封建王朝的最后一个盛世，却在经济、文化上逐渐落后于世界。

一、清朝政治

中国古代君主专制集权的政治体制至清朝时期达到顶峰，这其中与清朝

---

① 我国古代民族，满族的祖先，居住在今吉林和黑龙江一带。
② 后金创立者，满族，姓爱新觉罗。1626 年 2 月进攻宁远（今辽宁兴城）时受伤，后去世。清朝建立后被追尊为"太祖"。
③ 清朝末代皇帝，满族，爱新觉罗氏。1908 年登位，年号宣统。1912 年 2 月退位。1924 年被废除皇帝称号，迁出皇宫。1932 年在侵华日军的扶持下，出任伪满洲国"执政"，后改称"满洲帝国皇帝"。抗战胜利后被苏联红军俘获。1950 年被移交中国。1959 年被特赦释放。

几位皇帝不断地将权力集中到自己手中有很大关系。努尔哈赤、皇太极①时期建立并完善了议政王大臣会议,以部族政权的形式拥护满洲皇权在中国的统治,但是以后成为加强皇权的阻碍⁽¹⁾。顺治帝②将内三院改为内阁,以权力再分配的形式加强了皇权;康熙帝③设立南书房,南书房掌握了起草谕旨⁽²⁾、颁布诏书⁽³⁾的权力;至雍正帝时设立军机处,军机大臣承旨办事,皇权专制达到顶峰。

1. 议政王大臣会议与内阁

议政王大臣会议是由议政王和议政王大臣共同决策军国大事的一种组织形式,成员皆由满族大臣组成。清政权建立前期,它作为上层贵族参与⁽⁴⁾处理国政的制度,在关键决策和维持上层领导集团的团结方面起到了非常重要的作用,凡军国机要重务都由议政王大臣会议策划方案,最后由皇帝裁决。但是随着清朝全国性政权的建立和帝国政权统治基础的扩展,它在照顾其他民族利益和加强皇权方面成为阻碍,逐渐失去昔日的显赫⁽⁵⁾地位并被其他机构所取代。

内阁是清王朝设置于内廷的官署⁽⁶⁾之一,它承袭⁽⁷⁾了明朝内阁的特点,并带有满族的民族特点。清入关前,文馆负责辅佐皇帝处理文书工作。清太宗皇太极将文馆改成内三院,即内国史院、内秘书院和内弘文院,各院设大学士一人。清世祖顺治之时,内三院仿照明代内阁制度,正式改称内阁。一般来说,内阁大学士设满、汉各二人,职责一如明朝,但是由于后来南书房和军机处的设立,内阁的权力被进一步削弱,成为办理例行事务的机关。

2. 南书房

南书房位于内廷乾清宫西南角,原来是清代第四位皇帝康熙帝的书房,是康熙帝读书学习的地方。清世祖康熙帝热爱书法,但是苦于没有大臣可以畅谈文墨,于是设立一个专门的场所供自己与入值朝臣畅谈文墨之事。当然,在畅谈文字之外,康熙帝有什么需要处理的文书工作和需要下达的指

---

① 清太宗。努尔哈赤第八子。1626年努尔哈赤死后,皇太极继承后金汗位。1636年,改国号为清,称皇帝。
② 清朝皇帝,庙号世宗,年号顺治。皇太极第九子。清朝入关后的第一代皇帝。
③ 清朝皇帝,庙号圣祖,年号康熙。顺治帝第三子。清朝入关后的第二代皇帝。

令，也让这些南书房的大臣一起处理了。就这样，南书房的设立取代了一部分议政王大臣会议和内阁要做的事情，经由南书房撰拟⁽⁸⁾出的旨意也更加体现皇帝的个人意志。

3. 军机处

军机处原来是清帝雍正①为了处理西北军务而设立的机关，以亲王、大臣充任。军机大臣"承旨办事、跪奏笔录"的方式在分担皇帝压力的情况下极大地保证了军机及时处理和军机不外泄，同时，军机处采取不设立专官的形式，军机大臣、军机章京以原官兼任，其名称有"在军机大臣上行走""军机处行走"等，皇帝可以随时令其离开军机处。军机处取代了议政大臣会议而成为中枢决策机构，皇权专制达到顶峰。

4. 奏折⁽⁹⁾制度

奏折是清代官员向皇帝上书言事的密折，也称折子、奏帖。清朝官员上书言事有奏本和题本两种，公事用题本，私事用奏本。自从明太祖朱元璋设立通政司②后，内外的章奏都需要经由通政司后才能到达皇帝面前，程序烦琐⁽¹⁰⁾且容易被权臣利用，使下情不能上达。自顺治时起，开始试用奏折上书的制度。康熙帝在位期间扩大了奏折的使用范围，无论是满族官员还是汉族官员，无论是中央官员还是地方督抚，都可以上奏言事。雍正帝通过改革确立了奏折文书所独有的撰写、呈递、运转、拟办等制度。至此，奏折制度正式确立，成为皇帝监控朝廷官员、加强皇权的有力工具。

通过奏折制度，皇帝可以尽情玩弄权术，通过与大臣们的单线联系可以起到笼络下臣之效，并可以使不同等级、不同地位的官员们互相监督，从而加强皇帝对官员的控制。

二、清朝经济

在统治中国的二百多年时间里，清朝的经济经历了三个阶段：清朝前期

---

① 爱新觉罗·胤禛（Yìn Zhēn），年号雍正。康熙帝第四子。
② 明清时收受、检查内外奏章和申诉文书的中央机构。其长官为通政使。

的封建经济恢复期；清朝中期的封建经济强盛期，也叫作"康乾盛世"；还有清朝晚期的封建经济衰落期。在此期间，清朝封建经济经历了由破坏到恢复、由繁荣到衰落的发展阶段。清朝封建经济衰落时期，正是西方资本主义经济繁荣发展时期。

1. 清朝初年经济的恢复

从顺治到康熙前期是清代经济的恢复和发展时期。这期间，中国的经济经历了明末社会危机和长期战乱的生产破坏，使得残破[11]的封建小农经济几乎陷入绝境。特别是清军入关以后，为了保证满族贵族的特权地位，保证八旗士兵的供给，清朝统治者在经济上实行了大规模的"圈地"和"投充[12]"。圈地即满族的封建贵族圈占汉族的耕地用来放牧，投充指的是强迫失去土地的农民充当奴仆，这些都极大地破坏了社会生产力。

清朝的人口数也是历代王朝中最多的。至18世纪末，清代人口已达三亿以上，晚清时突破四亿。为了缓和阶级矛盾，清朝初期实行奖励垦荒、减免捐税的政策，内地和边疆的社会经济都有所发展。至18世纪中叶，清朝的封建经济发展到一个新的高峰。中央集权的专制体制更加严密，国力强大，秩序稳定。清朝初期大力推行圈地、投充等恶政，极大破坏了中原地区的经济。重农抑商[13]政策的推行，制约了资本主义萌芽的发展。

2. 康乾盛世

清朝发展到中期，康熙、雍正、乾隆三位皇帝在位的一百多年，成就了中国封建王朝的最后一个盛世。这一时期政治相对稳定，社会经济发展，人民生活相对安定，清朝国力达到鼎盛，史称"康雍乾盛世"。

康熙亲政以后，特别是其收复台湾、平定三藩以后，陆续出台了一系列政策和措施，以恢复和发展生产。例如，禁止旗人圈占土地，将已被圈占的土地重新恢复为耕地。从康熙八年（1669年）开始，清政府以"更名田"的名义，将明代藩王兼并的农民的土地还给原来耕种这块土地的农民。

清政府还接连采取鼓励垦荒的政策和措施，使荒地的开发得到法律的保护。例如，政府规定，新开垦的土地四年之内不用缴纳粮食税，有的新开垦的地方甚至十年都不用缴纳。从顺治八年（1651年）到康熙六十一年

(1722年），全国耕地面积由290多万顷（1倾＝66 666.67平方米）增加到850多万顷，增加了近600万顷，增长近两倍。

清政府还对地税进行了改革。康熙时规定，不管再增加多少人口，国家不再额外征收新的人头税了。雍正帝在位期间继续完善这一政策，推行"摊丁入亩"，将丁税也就是人头税，全部摊入土地税内，按地亩合并征收，地多的人多交税，地少的人少交税，那些没有土地的人就不用再交税了。

经过康熙和雍正时期的努力，到康熙帝的孙子乾隆帝继位的时候，清朝的人口达到了三亿，人口总数居世界第一；中国的经济占世界的三分之一，经济总量居世界第一；乾隆又平定了准噶尔部的内乱，国家版图达到了清朝时期最大，"康乾盛世"达到顶峰。

3. 清朝经济的衰落

但是，清朝的盛世中也蕴藏[14]着危机。过快的人口增长带来许多问题。有些地方人口密度加大，人地矛盾逐渐突出，导致人们进一步开荒垦田，天然植被[15]和原始森林遭到破坏，水土流失严重，地力下降。庞大的人口也造成了社会压力，影响了经济的持续发展。

乾隆帝晚年的时候没有看清世界发展的形势。当时，西方国家相继发生了文艺复兴、宗教改革、启蒙运动，走上了资本主义发展道路，其中有一个叫利玛窦的外国人来拜见乾隆帝，想要借着祝寿[16]的名义和中国通商，但是乾隆帝却认为中国地大物博[17]，什么都不缺，拒绝了通商的请求，使得中国越来越落后于世界。同时，他晚年重用的宰相和珅，实际上是一个非常贪婪的人。乾隆帝驾崩[18]后，他的儿子嘉庆帝做的第一件事就是将和珅逮捕并处死，从贪官和珅家里搜出来的银子相当于当时国库12年的总收入。

三、清朝的文化和社会生活

清朝统治者进入北京城后，为了扩大统治基础，对汉族官绅实行招降与安抚的政策，但同时也加强了对他们思想上的控制。乾隆时，为了"装点[19]"盛世，也为了发展文化，清廷组织儒臣、开设书局，进行大规模的修书工作，并且修成了我国最大的一部丛书——《四库全书》。但是在修书的过程中，以皇帝的意志为标准，删去并销毁了很多皇帝认为不利于清朝、不利于满族的一些记载或书籍，造成文化破坏，这是文化专制的一种。另外，这时期，如果有人说了皇帝不爱听的话，就会被杀头甚至诛灭[20]九族，文人学者都不敢随便说话。在这种沉闷的学术氛围下，一些人转向对书籍、文字的考据工作。

1. 笼络士大夫与开局修书

首先，清军进入北京城后，以帝礼改葬了明朝最后一位皇帝崇祯帝，以争取汉人士绅的支持，缓和这些人的反清情绪；为了拉拢士人，康熙时，专门为汉人儒臣开设了博学鸿儒科，给予汉人士大夫（尤其是明朝遗民）优厚的待遇，并让这些人参与编修《明史》。康雍乾时期，政局稳定，国家为了装点"文治"局面，组织了一批儒臣，开设书局，进行大规模的修书工作，其中最著名的就是乾隆时期《四库全书》的编纂了。

《四库全书》是我国最大的一部丛书，里面共有书籍3400余种，分为经、史、子、集四个部分。为了编好这部书，乾隆皇帝选择纪昀（Jì Yún）作为这部伟大作品的主编，还动员了3800多位学者夜以继日地工作，耗时十年才完成。

《四库全书》中所收的书，一部分来源于清代宫廷的藏本，还有一部分来源于各个省份收集上来的民间藏本。乾隆皇帝借着修《四库全书》这件事销毁了一部分民间禁书，使传统文化遗产遭到了极大的破坏。《四库全书》修成以后又抄了七份，分别藏在不同的地方。总纂修官纪昀在修完《四库全书》以后，又写了一部《四库全书总目提要》，共200卷，把《四库全书》里面每本书的渊源、版本、内容都作了简要介绍。

但是，在修书的过程中，清廷也趁机销毁了一大部分不利于己的图书典籍，这是对古代文献的一次严重破坏。

2. 思想控制与文化专制

清朝统治者非常重视从思想领域严密控制知识分子。康熙、雍正、乾隆三朝，特别注意知识分子写的文章、诗、词，经常从他们写的文章中摘取只言片语，加以歪曲[21]解释，说他们故意讽刺朝廷、暗地里宣扬反抗满族人的想法，一旦抓到这些人，不但要将他们砍头，还要将他们的家人、亲戚、朋友和学生、老师等一起砍头。人们把这种做法叫作"文字狱"。

当时有一个已经死去了十多年的很有才气的人叫吕留良。他在生前曾经写过一些反对清朝的诗句，后来一个叫曾静的人看到了他的诗句，萌生了反抗清朝统治的想法。这件事被皇帝知道了，皇帝不仅将吕留良的棺材打开鞭打他的尸体，还将他的亲友都杀了，他的著作也被列为禁书并被焚毁。

清朝文字狱的规模之大、案件之多，远超前代。文字狱给清代带来了严重的社会影响，知识分子再也不敢随意表露自己的思想，遣词造句[22]都要小心翼翼[23]，以免遭杀身之祸。这些给清代社会以巨大的打击。

另外，清朝统治者为了更全面地掌控人们的思想，对全国书籍进行了全面的检查，对不符合统治者心意的书籍一律销毁，把认为对清朝不利的书籍列为禁书，进行收缴并销毁，禁书毁书行动销毁了大量珍贵的书籍。

3. 乾嘉时期考据学的发展

由于朝廷对士大夫的思想控制和严格的书籍审查[24]制度，文人士子一不小心就会触犯[25]禁忌被砍头。在这种情况下，一批学者转向对经典文本中字音、字意的考证和阐释[26]，不再随便作阐发，这样就不容易触犯禁忌而被砍头了。这就是清代乾嘉时期考据学发展的主要原因。

乾嘉学派把中国古代考据学推向高峰，对我国两千多年以来的文献典籍进行了大规模的整理、总结，使丰富的文化遗产得到了保存，并为后人阅读、利用和整理提供了方便，奠定了基础。但是，他们埋头于故纸堆[27]的治学态度，为考据而考据的现象，也造成清代学术思想的沉寂和空洞。

4. 文学和艺术

随着商品经济的发展和市民文化的繁荣，清代的文学艺术取得很大的成就，其中小说创作达到一个新的高峰，戏曲艺术也大放异彩。

① 小说

清代的小说创作取得了空前的发展，其中成就最高的当数蒲松龄（Pú Sōnglíng）的《聊斋（liáo zhāi）志异》和曹雪芹的《红楼梦》。

《聊斋志异》是清朝著名小说家蒲松龄创作的灵异志怪小说集。"志"是记述的意思,"异"是指奇异的故事,全书共有491篇志怪故事。《聊斋志异》通过妖魔鬼怪之口表达了深刻的思想,它们有的表达了对封建礼制的批判,有的揭露了统治的黑暗,有的抨击[28]了科举制度的腐朽。其中一些作品,通过花妖狐魅[29]和人的恋情,表现了作者理想的爱情。

《红楼梦》原名《石头记》。作者曹雪芹以毕生的精力进行艰苦的创作,生前基本定稿了前80回,后40回由高鹗(Gāo È)续补,于乾隆晚期排印面世。

《红楼梦》是一部百科全书式的小说,它以宝玉和黛玉的爱情悲剧为主线,以贾、史、王、薛四大家族的兴衰变化为背景,描绘了18世纪中国封建社会的方方面面,深刻反映了封建社会末期的社会现实和尖锐矛盾,具有深刻的社会意义。

《红楼梦》全书背景广阔,情节复杂,头绪纷繁,人物众多,书中有姓名的就有700多人,但作者以严谨的结构、清晰的层次、精练而生动的语言,把故事的进展和人物的形象栩栩如生[30]地展现出来,在艺术上达到了极高的水平。这部思想性强、艺术性高的小说问世以后,虽被当时的统治者列为禁书,但在民间却流传开来,始终无法禁绝。至今,《红楼梦》已被译成多种文字,成为世界文化宝库中的瑰宝。

②昆曲与京剧

中国古代的戏曲艺术发展到清代,已进入一个更为鼎盛的时期,当时,观看戏剧已经成为城乡民众的一种主要的娱乐方式。其中,最有影响力的是昆曲和京剧。

昆曲,又称昆剧、昆腔,原是流行于苏州昆山一带的昆山腔。明朝时经过改良,昆曲有了很大的发展,表演日趋成熟,成为一个全国性的剧种,代表作有汤显祖创作的《牡丹亭》。到了清朝前期,昆曲艺术发展到顶峰,洪昇的《长生殿》、孔尚任的《桃花扇》这两部政治历史剧,内容感人,情节跌宕[31],词曲雅致,成为昆曲的传世之作。

在乾隆帝80岁寿辰时,由徽商出面组织的来自南方的四大徽班先后到北京献艺。徽班的唱词通俗易懂[32],唱调高亢爽朗,赢得观众喜爱。后来,徽调不断吸收昆曲、秦腔、京调、汉调等地方戏的优点,加以创造和改进,在道光年间逐渐成为一个新的剧种——皮黄戏。皮黄戏博采其他剧种的优点，又带有北京地方特色，以后就被称为京戏或京剧。京剧深受广大群众的喜爱，经过表演艺术家的不断创新后日臻完善，成为最主要的剧种，流传四方。

四、边疆地区的统治政策

中国疆域的奠定大体上是在明清两代完成的，尤其是清王朝的康雍乾时期。清朝统治者为巩固国家疆域进行了持续不断的努力，奠定了现代中国版图的基础。清政府专门设置了理藩院管理蒙古族、藏族等少数民族事务，地位与六部等同。

1. 平定噶尔丹叛乱

清初，我国西北蒙古部族分为漠南蒙古、漠北蒙古（又称喀尔喀蒙古）和漠西蒙古（又称厄鲁特蒙古）三部。其中，漠南、漠北蒙古和清朝政府来往密切，并且和清朝政府保持着联姻关系。漠西蒙古和清朝政府联系较少，且在明清之际势力壮大，和清廷展开争夺喀尔喀蒙古和西藏的斗争。漠西蒙古的准噶尔部，在其首领噶尔丹的带领下盘踞[33]天山南北，清军与噶尔丹军战于乌兰布通，以火器战胜了噶尔丹军，噶尔丹战败逃走。但不久以后，噶尔丹再次进犯漠北，康熙帝御驾亲征，在1757年将准噶尔部彻底击败。

后来，噶尔丹的侄子策忘阿拉布坦再次反叛，并侵扰西藏。在清军和藏族人民的共同努力下，叛军被击败并被驱逐出去了。

清朝在蒙古地区实行札萨克制度（盟旗制度），设立盟、旗两级单位进行统治。旗是蒙古地区的基本行政单位，为世袭之职，盟长则由中央任命。

2. 平定大小和卓叛乱

天山南路维吾尔族地区首领大小和卓（hé zhuó）在乾隆年间起兵反清，策划建立独立的伊斯兰汗国。1759年，清军平定叛乱，大小和卓出逃被杀。后来，大和卓的孙子张格尔又在英国的支持下发动叛乱，被清军俘获并处死。

第十四课 1840年前的清朝

清军平定叛乱以后，在维吾尔族地区实行伯克制度。伯克由维吾尔族贵族充任，但是由朝廷任命。朝廷还给给伯克加以三品至七品官阶，并授予一些特权，但是实际权力掌握在朝廷派驻的大臣手中。

3. 实施"金瓶掣签"制度

西藏地区从元代起就纳入了中国的统治版图。在历史上西藏也曾出现过强大的政权——吐蕃，吐蕃还曾经和中国的唐朝和亲。当地人大多信喇嘛教，他们的统治者就是教主，叫作"达赖（dá lài）"和"班禅（bān chán）"。信徒们认为达赖和班禅是永生的，也就是他们的肉身会死，但是他们的灵魂不灭，他们的灵魂会化身成为另一个男童转世出生。

由于达赖和班禅在西藏拥有至高无上的权力，当地的贵族千方百计地证明自己家的孩子才是达赖或班禅的转世灵童。贵族们互不相让，往往就会爆发战争。乾隆皇帝绝不允许无休止的战争爆发，于是他向西藏地区派驻西藏大臣，叫作驻藏大臣，由驻藏大臣主持一项抽签制度来决定灵童的转世。这个制度就叫作"金瓶掣签（jīn píng chè qiān）"。

五、对外交往

1. 海禁

清朝初年实行严厉的海禁政策。郑成功赶走了盘踞在台湾岛的荷兰人以后，作为一支反清力量活动在台湾地区。清朝政府为了防止沿海居民和反清力量结合，在顺治年间颁行了禁海令，又数次强迫山东至广东沿海居民内迁数十里，不准商船、渔舟"片帆出海"。康熙年间，清军打败郑氏集团，在台湾地区设立了行政机构，反清力量与清军对峙的局面宣告结束。清朝政府在反清力量投降的第二年就宣布解除了禁海令。康熙帝称，现在四海都统一了，人们可以出海去进行贸易了。

清朝政府解除了海禁政策，允许外国商人自由到广州、宁波、厦门、云台山等四地通商，也允许沿海居民出海贸易。此后，各国纷纷在广州设立商馆，中外经济贸易在新的起点上迅速发展。

但是后来,英国的商船几次到宁波贸易,想要在那里建立长期的商业据点,清政府知道以后深感焦虑。乾隆二十二年(1757年),清朝政府下令关闭其他港口,只留广州一处作为对外贸易的地点,并规定由朝廷特许的"广州十三行"统一管理对外贸易,并负责管理来华贸易的外国商人。这一时期,中国出产的瓷器、丝绸、茶叶受到外国人的欢迎,他们用白银来和中国商人进行贸易,世界上白银产量的一半几乎都流入了中国。一直到18世纪以前,中国在世界贸易体系中都处于中心地位。后来,英国为了扭转[34]贸易逆差,把中国的白银赚到英国去,寻找了新的"商品"运来中国,这个新的"商品"就是鸦片。

再说清政府,当时只留下广州"一口通商"以后,对外界的形势发展不管不问,沉浸在"天朝上国"的美梦中。因此,中国也错过了向西方学习的机会,逐渐落后于西方。直到鸦片战争,一部分先进的中国人开始开眼看世界。

2. 西方传教士来华与文化冲突

明清时期,随着新航路的开辟,西方传教士第三次来华。明清鼎革以后,来华的传教士转投清政权,获得了在中国继续传教的权利。这些传教士大部分沿用利玛窦传教的方式,在传教过程中糅合[35]儒家学说,以适应中国文化及统治者之需。同时,他们也向中国介绍了西方自然科学,如天文、历法、火器等,向西方介绍中国传统文化,对中西文化交流起到一定作用。但是之后来华的传教士,有些不赞同利玛窦的传教方法,特别是康熙中期以后,罗马新教皇克莱门十一世颁布禁令,禁止中国教徒祭祖、祭祀孔子等,使得清廷与教会的矛盾日益加深。康熙帝以后,中国皇帝发布禁令,驱逐在华传教士,严禁西方传教士进入中国传教,这种情况一直到鸦片战争时西方列强用炮火打开中国大门为止。

3. 中西文化交流

明清时期,随着西方传教士来到中国的还有近现代西方的科学文化知识。德国传教士汤若望编写的《崇祯历书》,清代改为《时宪历》继续采用。汤若望还编著《远境说》,介绍了光学知识。比利时传教士南怀仁介绍了西方的武器技术，对清代火炮技术的发展作出了贡献。传教士白晋等人绘制了《皇舆（yú）全览图》，传播了西方先进的地理学知识。意大利耶稣会传教士熊三拔写了《泰西水法》，介绍了西方水利学知识……

同时，传教士们也将中国的知识传播到西方。法国传教士白晋回国时带走了部分中国典籍给路易十四，包括部分《永乐大典》和《古今图书集成》；杂剧《赵氏孤儿》最早被翻译成欧洲文字，吸引了大批欧洲读者，伏尔泰还将它改编为《中国孤儿》并得到广泛流传；《大学》《中庸》《论语》等书籍被翻译成拉丁文字，并在法国出版；中国哲学中的"理""道"等概念对西方人产生了影响；西方哲学思想家利用他们所了解的中国文化与制度或批判欧洲的君主专制，或批评中国文化。

六、林则徐与虎门销烟

乾隆帝晚年曾犯了一些错误，没有看清楚世界形势的变化，甚至重用贪官和珅，使得政治黑暗，贪腐盛行，中国渐渐落后于世界。而这时期的西方世界发生了翻天覆地的变化，先是一群英国人在1640年和国王在一起开会，然后和国王开始打仗，经过较量确定了国王不再掌握国家的实权；在美洲大陆，一群英国人横渡大西洋来到那里，建立起了一个崭新的国家；在法国，人们甚至杀了他们的国王，然后宣称自己才是国家的主人。

此外，一个叫瓦特的人发了蒸汽机，使其成了新的动力机器；还有人发明了能快速纺纱的纺纱机、快速织布的飞梭、哐当哐当的火车……而那时的中国人对此一无所知。

西方人利用这些新发明造出来很多产品，他们想把产品卖到中国来。但是当时的中国人能够自给自足，不需要他们的产品。产品卖不掉后西方人并不甘心。后来，英国人在征服印度以后发现那里种植了大片的罂粟（yīng sù）花，罂粟花的果实可以制成让人上瘾[36]的毒品——鸦片。英国人把鸦片卖到中国来，很多中国人因此染上了毒瘾。

贩卖鸦片让英国人赚到了大量的白银，却使得中国的鸦片吸食者骨瘦如柴[37]，有的人为了购买鸦片甚至倾家荡产[38]。这件事情终于传到了乾隆帝的孙子道光帝那里。

道光帝对于是否严禁鸦片、如何禁止鸦片泛滥(39)并没有下定决心，直到有一天林则徐上书，说如果再不严令禁止鸦片，十几年之后的国人都将成为病夫，国家再也没有可以充当军饷的银子了。道光帝这才意识到事情的严重性，下定决心严禁鸦片，并让林则徐作为钦差大臣去广东查禁鸦片。

林则徐带着皇帝的命令来到广州，当地的民众热烈欢迎了他。当地民众深受鸦片之害，痛恨鸦片贩子，支持林则徐严禁鸦片。林则徐和当地官员合作，积极整顿海防；派人明察暗访，缉拿烟贩，英、美等国商贩被迫交出鸦片110多万千克。在林则徐的主持下，1839年6月3日至25日，收缴的鸦片在虎门海滩被当众销毁。后来，人们为了纪念这个日子，把6月3日叫作"禁烟节"。

生词表

(1) 阻碍（zǔ'ài）：起阻碍作用的事物。

(2) 谕旨（yù zhǐ）：皇帝对臣子下的命令、指示。

(3) 诏书（zhào shū）：皇帝颁发的命令。

(4) 参与（cān yù）：参加（事务的计划、讨论、处理）。

(5) 显赫（xiǎn hè）：声名显赫，地位尊贵。

(6) 官署（guān shǔ）：官厅。

(7) 承袭（chéng xí）：沿袭。

(8) 撰拟（zhuàn nǐ）：撰写拟定。

(9) 奏折（zòu zhé）：写有奏章的折子。

(10) 烦琐（fán suǒ）：繁杂琐碎。

(11) 残破（cán pò）：残缺破损。

(12) 投充（tóu chōng）：清初统治者强迫汉人到满洲贵族家中为奴。

(13) 重农抑商（zhòng nóng yì shāng）：中国历史上主张重视农业而限制或轻视工商业的一种经济思想和政策。

(14) 蕴藏（yùn cáng）：蓄积而未显露或未发掘。

(15) 植被（zhí bèi）：覆盖在某一个地区地面上、具有一定密度的许多植物的总和。

(16) 祝寿（zhù shòu）：在老年人过生日时向他祝贺。

(17) 地大物博（dì dà wù bó）：土地广大，物产丰富。

(18) 驾崩（jià bēng）：帝王死去。

(19) 装点（zhuāng diǎn）：装饰点缀。

(20) 诛灭（zhū miè）：杀尽；灭掉。

(21) 歪曲（wāi qū）：故意改变（事实或内容），多指把好的说成坏的。

(22) 遣词造句（qiǎn cí zào jù）：（说话、写文章）运用词语。

(23) 小心翼翼（xiǎo xīn yì yì）：原形容严肃虔敬的样子，现用来形容举动十分谨慎，丝毫不敢疏忽。

(24) 审查（shěn chá）：检查、核对是否正确、妥当（多指计划、提案、著作、个人的资历等）。

(25) 触犯（chù fàn）：冒犯；冲撞；侵犯。

(26) 阐释（chǎn shì）：阐述并解释。

(27) 故纸堆（gù zhǐ duī）：指数量很多并且十分陈旧的书籍、资料等。

(28) 抨击（pēng jī）：用言语或评论来攻击（某人或某种言论、行动）。

(29) 狐魅（hú mèi）：像狐狸精一样娇媚。

(30) 栩栩如生（xǔ xǔ rú shēng）：形容文艺作品中的形象描绘得非常逼真，像活的一样。

(31) 跌宕（diē dàng）：音调抑扬顿挫或文章富于变化。

(32) 通俗易懂（tōng sú yì dǒng）：浅显易懂，适合一般人的水平和需要。

(33) 盘踞（pán jù）：非法占据；霸占（地方）。

(34) 扭转（niǔ zhuǎn）：纠正或改变事物的发展方向或目前的状况。

(35) 糅合（róu hé）：掺和；混合。

(36) 上瘾（shàng yǐn）：爱好某种事物而成为癖好。

(37) 骨瘦如柴（gǔ shòu rú chái）：形容非常瘦（多用于人）。

(38) 倾家荡产（qīng jiā dàng chǎn）：把全部家产丧失净尽。

(39) 泛滥（fàn làn）：比喻坏的事物不受限制地流行。

▶ 思考题

  1. 清朝初年时，你们国家正处于什么时期？你们国家和清朝时期的中国有什么交流吗？

  2. 你们知道林则徐这个人吗？谈谈你们对他的了解。

  3. 清朝时期康熙、雍正和乾隆三位皇帝致力于发展经济，创下了"康乾盛世"，谈谈你们对"康乾盛世"的了解。

推 荐 阅 读

1. 国务院侨务办公室、国家汉语国际推广领导小组办公室：《中国历史常识》，高等教育出版社，2006年版。
2. 陈卫平：《写给儿童的中国历史》，新世界出版社，2014年版。
3. 罗米：《博物馆里的中国历史》，天天出版社，2020年版。
4. 朱万章、杨晓娜：《博物馆里的中国历史故事》，化学工业出版社，2022年版。
5. 弘丰：《写给孩子的中国历史》，吉林出版集团股份有限公司，2021年版。
6. 林汉达、雪岗：《中国历史故事集》，中国少年儿童出版社，2022年版。
7. 吕思勉：《中国历史常识》，浙江工商大学出版社，2019年版。
8. 李学勤、郭志坤：《细讲中国历史》，上海人民出版社，2018年版。
9. 黄仁宇：《中国大历史》，生活·读书·新知三联书店，2007年版。
10. 赵毅、赵轶峰：《中国古代史》，高等教育出版社，2010年版。
11. 茅海建：《天朝的崩溃》，生活·读书·新知三联书店，2014年版。
12. 中国社会科学院历史研究所：《简明中国历史读本》，中国社会科学出版社，2012年版。

后 记

《中国古代历史》是一本面向国际学生编写的来华留学通识教育教材。本教材一共有十四课，其中，第一课至第十课由余敏负责编写，第十一课到第十四课由吉艳艳负责编写。

在充分了解国际学生的汉语水平和课程设置特点后，本教材力求使用通俗易懂的语言，从政治、经济、科技、文学、对外交往等方面，将中国古代历史的发展脉络及其中的主要历史事件、重要历史人物等进行比较全面的展现，并通过每篇课文后设置的思考题帮助学生理解课文内容，引导学生总结该篇课文中历史事件的特点、剖析重要的历史人物。此外，在选择推荐阅读的书目时，我们针对不同的需求，选择了通俗易懂的（如《中国历史常识》《写给儿童的中国历史》）和学术性比较强的（如《中国大历史》《简明中国历史读本》）两类书推荐给学生，供其课后自主学习时使用。

为了方便课堂教学和学生自主学习，我们在每篇课文后都设置了生词表。生词表里出现的生词与课文中的生词都标上了对应的序号，且生词表里的生词标注了汉语拼音和相应的汉语释义，同时对课文中出现的部分包含生僻汉字的人名、地名以及其他名词标注了汉语拼音。

本教材在编写和出版的过程中，得到了华中师范大学国际文化交流学院领导、同事以及华中师范大学出版社的大力支持和帮助，在此一并表示衷心的感谢！

余 敏 吉艳艳
2024 年 8 月